LOS
CONSPIRADORES 2

TIEMPO DE HÉROES Y VILLANOS

EUGENIO
AGUIRRE

BENITO
TAIBO

FRANCISCO
MARTÍN MORENO

ALEJANDRO
ROSAS

LOS
CONSPIRADORES 2

TIEMPO DE
HÉROES
Y VILLANOS

Planeta

Diseño de portada: Genoveva Saavedra / aciditadiseño
Fotografía de portada: Blanca Charolet

© 2016, Eugenio Aguirre
© 2016, Francisco Martín Moreno
© 2016, Alejandro Rosas
© 2016, Benito Taibo

Derechos reservados

© 2016, Editorial Planeta Mexicana, S.A. de C.V.
Bajo el sello editorial PLANETA M.R.
Avenida Presidente Masarik núm. 111, Piso 2
Colonia Polanco V Sección
Deleg. Miguel Hidalgo
C.P. 11560, Ciudad de México
www.planetadelibros.com.mx

Primera edición: agosto de 2016
ISBN: 978-607-07-3590-5

Impreso en los talleres de Litográfica Ingramex, S.A. de C.V.
Centeno núm. 162-1, colonia Granjas Esmeralda, Ciudad de México
Impreso y hecho en México - *Printed and made in Mexico*

LOS CONSPIRADORES

ဢ

Francisco Martín Moreno es conferencista, líder de opinión y autor de las novelas históricas *México negro, Las cicatrices del viento, México mutilado, México sediento, Las grandes traiciones de México, México secreto, México acribillado, México ante Dios*, la trilogía erótica mexicana Arrebatos carnales, *En media hora… la muerte* y *México engañado.*

Eugenio Aguirre es novelista, cuentista, ensayista, conferencista, coordinador de algunas de las colecciones literarias más destacadas en el ámbito cultural nacional y autor de las novelas históricas *Gonzalo Guerrero, Victoria, La cruz maya, Isabel Moctezuma, Hidalgo, Leona Vicario, La gran traición, Cantolla, el aeronauta, El abogánster, Marieta no seas coqueta* y *Templo de sangre.*

Alejandro Rosas es historiador, conferencista y autor de varias obras de divulgación histórica entre las que destacan *Mitos de la historia mexicana, 365 días para conocer la historia de México, 99 pasiones en la historia de México, Héroes al volante* y la serie Érase una vez México, además de la novela *Sangre y fuego.*

Benito Taibo es periodista, poeta, conferencista, ferviente promotor de la lectura, responsable de la publicación de diversas obras de divulgación histórica en el INAH y autor de los poemarios *Vivos y suicidas, Recetas para el desastre* y *De la función social de las gitanas*; además de *Polvo, Persona normal, Querido escorpión, Desde mi muro* y *Cómplices.*

INTRODUCCIÓN
ഇ

Francisco Martín Moreno

Después de casi cuatro años ininterrumpidos de proyectar al aire *El Refugio de los Conspiradores* en Proyecto 40 —nuestros gentiles anfitriones—, me es muy gratificante insistir en el hecho de que, hoy por hoy, ocupamos uno de los primeros lugares en la televisión cultural mexicana, lo cual nos ha motivado aún más para mejorar nuestros contenidos sobre la base de transmitir conocimiento con sentido del humor, ironía y alguna dosis no insignificante de cinismo.

Los mexicanos somos el resultado de nuestra historia, un producto —si se vale semejante expresión— de lo acontecido en la piedra de los sacrificios, en la pira y en los sótanos de la Santa, *santísima* Inquisición, y en las aulas de clases reservadas a los criollos durante la Colonia, trescientos años en que fueron excluidas de la educación las masas iletradas de indígenas, tal y como sucedió en aquellos países conquistados por la Corona española.

La idiosincrasia nacional se fue fraguando en los campos de batalla donde se peleó por la independencia, por la defensa de los territorios que finalmente nos robaron los norteamericanos en 1848, y en los años trágicos, además, en que nos matamos los mexicanos durante la Guerra de Reforma para desenredar de nuestro cuello la maldita sanguijuela identificada como el clero católico, que devoraba las esencias más ricas y puras de la nación.

En el siglo XIX volvió Santa Anna once veces al poder, padecimos la intervención francesa, disfrutamos la restauración de la República, conocimos a la generación de liberales mexicanos más distinguida y progresista de nuestra historia, como lo fue la de Benito Juárez, y a continuación dimos brincos patéticos al pasado como la instalación de la catastrófica dictadura porfirista, con la que ingresamos dolorosamente al siglo XX en tanto quedaba 85% de la población sepultada en el analfabetismo y por ende en el atraso y el hambre.

Acto seguido asistimos a una pavorosa revolución y procedimos a instalar tiranías como la diarquía Obregón-Calles, para rematar con la «dictadura perfecta», estructurada aviesamente por Lázaro Cárdenas, hasta el arribo de la llamada «alternancia» política encabezada por Fox y Calderón, que no fue más allá de un lastimoso continuismo... En la actualidad este México eternamente doliente se encuentra devorado por la corrupción, extraviado en la ignorancia y amenazado por la mafia del narcotráfico, sin que se tomen medidas definitivas y eficientes para defenderlo de sus poderosos enemigos actuales.

En este ejemplar que el querido y respetado lector tiene en sus manos, intitulado *Tiempos de héroes y villanos*, aparecen Cuauhtémoc, Labastida y Dávalos, Escobedo, Juárez, Poinsett y Porfirio Díaz.

Cuauhtémoc, el joven príncipe Cuauhtémoc, sobrino de Motecuhzoma, es uno de los grandes protagonistas de la derrota española en la mal llamada «Noche Triste», que debería reconocerse como «Noche Alegre» puesto que ganaron los feroces mexicas: entre los guerreros mexicanos se distinguían su esforzado jefe, Cuitláhuac, señor de Iztapalapan, «uno mui galán, a quien todos obedecían», según Herrera, «y el valeroso mancebo Cuauhtemotzin; el cual, aunque mozo, salía armado cada día a pelear y a animar a los suyos», según Durán.

«Todo el ejército mexicano salió en seguimiento de ellos con tanta furia y coraje, que comenzaron a hacer gran daño por todas partes a los españoles... los cuales, con la turbación y temor los que habían ya pasado de aquel paso con el capitán Hernando Cortés, comenzaron a huir, y los miserables que quedaban cargados de oro y riquezas cayeron en aquel hoyo, tanto que le hinchieron sirviendo de puente para que otros pasasen», según leemos en el Códice Mendoza. «De los nuestros —habla Gómara— tantos más morían, cuanto más cargados iban de ropa y de oro y joyas... por manera que los mató el oro y murieron ricos.» El oro, el único móvil de la Conquista española...

Ya sabemos cómo Cortés hizo asesinar a Cuauhtémoc en su expedición a las Hibueras después de quemarle los pies, colgándolo de un árbol con las manos enlazadas, entre las que sostenía paradójicamente una cruz...

¿Qué decir del arzobispo Labastida y Dávalos, el diabólico consejero del papa Pío IX —¿Pío...?—, que dirigiera a la distancia a las tropas clericales en contra de la República constitucional y que años después «obligara» a Porfirio Díaz a abjurar de la Constitución de 1857?

¿Y el general Mariano Antonio Guadalupe Escobedo de la Peña, quien luchara durante la intervención estadounidense en México, la Guerra de Reforma y la segunda intervención francesa en contra del ejército imperial de Maximiliano de Habsburgo, el príncipe rubio que viniera de Austria engañado también por el clero católico?

¿Qué decir de Juárez que se pueda resumir en dos palabras? El indio oaxaqueño fue el Padre de la Patria, así, con mayúsculas; será muy difícil que nazca otro mexicano como este ilustre personaje, nuestro más destacado estadista de todos los tiempos.

Con la llegada de Joel Poinsett, primer embajador norteamericano en el México independiente, comienza sin duda alguna el intervencionismo yanqui en los asuntos internos de México que concluye, por lo pronto en aquellos años, con el asesinato de Vicente Guerrero, el primer presidente mexicano víctima, entre otras razones, de las intrigas palaciegas de Estados Unidos.

De Porfirio Díaz, el gran enterrador del promisorio liberalismo mexicano del siglo XIX, según lo calificara Ralph Roeder, debimos haber aprendido la importancia de no imponer el orden con la mano dura y el puño cerrado del oprobioso tirano, sino imponer la civilidad en términos de la ley. No aprendimos nada, hoy la ley no existe en México. Que nunca se pierda de vista que Porfirio Díaz fue un golpista que llegó al poder al derrocar al gobierno constitucional de Lerdo de Tejada, y que al final de su interminable dictadura México se vio envuelto en otro baño indeseable de sangre que volvió a dar marcha atrás a las manecillas de los relojes de la historia patria.

Aquí dejamos en las manos del lector este nuevo libro, *Tiempo de héroes y villanos*, en el que constan las visiones encontradas y humorísticas de la historia de México interpretadas por un cuarteto de *conspiradores* de buena fe.

ഉ

Eugenio Aguirre

La historia de los pueblos no puede contemplarse ni evaluarse en blanco y negro; la gama y coloratura del gris es mucho más adecuada. Tanto los personajes involucrados como los acontecimientos y sucesos están marcados por virtudes y vicios que los hacen singulares y los inscriben entre lo positivo y negativo, siempre de acuerdo con el enfoque axiológico que se utilice para examinarlos.

Los «héroes», mención que siempre debe ir entre comillas, no son las figuras de bronce que encontramos en calles y plazas o en los libros y monografías que se dan a leer a la gente con el afán de conducir su ideología, sus pensamientos e ideas; ¡es necesario desacralizarlos! Tampoco los supuestos «villanos» —satanizados por sus errores, por su aparente mala fe y falta de compromiso en un momento dado de su participación en los hechos— son tan malos, tan nefastos como se nos ha hecho creer con el objeto de borrarlos del decurso cronológico y sustraerlos del imaginario colectivo. Todos, sin excepción, han actuado de acuerdo con sus principios, sus intereses personales o de grupo y su concepción de lo que para ellos y sus contemporáneos debía ser el *statu quo*, ya sea que buscaran la permanencia o los cambios radicales.

Es por ello que la divulgación de la «historia» debe hacerse con criterios en los que a todas luces se inscriban la honestidad, la imparcialidad y la transparencia. La investigación en las fuentes —libros, hemerotecas, archivos, tradición oral, observación de los sitios y otras— debe ser profunda, pródiga y puntillosa, y su revisión y examen exhaustivos a fin de proporcionar al receptor —esto es, a usted, que abrevará de estos textos— una visión lo más clara y precisa del carácter y personalidad de los implicados, del entorno y las circunstancias que los rodearon y, de manera cabal, definieron su comportamiento.

Respecto de las instituciones, llámense estas iglesias confesionales sujetas a ortodoxias y dogmas inapelables, gobiernos que derivaron y se instalaron en dictaduras tiránicas a las que hubo necesidad de derrocar mediante revoluciones cruentas, administraciones probas compuestas por jefes y gabinetes patrióticos y luminosos, proyectos de nación orientados al beneficio de los ciudadanos, y otras variables que enfrentaron golpes de Estado, asonadas y traiciones para sobrevivir, deben ser estudiadas con mentalidad abierta dentro de los parámetros de la pluralidad, la objetividad y la justicia.

¡Que nadie se manche al inclinar la balanza del juicio histórico con sus preferencias o inclinaciones personales! Dejemos que los hechos hablen por sí mismos y reservemos para nuestro intelecto e imaginación solamente aquello que nos convenza y nos permita estar bien documentados.

&

Alejandro Rosas

Ni los héroes ni los villanos existen; al menos no en la historia. Desde hace mucho tiempo dejé de concebir el pasado como el permanente enfrentamiento entre el bien y el mal, entre buenos y malos. Hablar de héroes y de villanos me causa profunda irritación. La «historia oficial» nos llevó por ese detestable sendero donde los protagonistas de la historia de pronto dejaron de ser humanos y se convirtieron en algo parecido a estatuas de mármol y de bronce, mientras sus contrapartes se consumían en las llamas cívicas del fuego eterno.

Hablar de «héroes» en la historia nacional es ver con romántica ingenuidad e inocencia el papel de los personajes en su contexto, es aplaudir el martirologio y la victimización: el héroe de la historia oficial nacía predestinado; tenía que sufrir, enfrentar todas las adversidades, no equivocarse jamás, no tener pensamientos impuros, ser infalible; nunca tenía hambre ni ganas de ir al baño y mucho menos pensaba en sexo o deseaba a la mujer de su prójimo. Para alcanzar el altar de la patria, el héroe nacional, de preferencia, debía morir asesinado, traicionado o en una emboscada.

Dentro del discurso oficialista —que permeó hasta derramarse en la historia oficial—, los héroes mexicanos se convirtieron en seres panfletarios, idóneos para la demagogia y el adoctrinamiento. Su perfección dejaba de ser un ejemplo para el ciudadano de a pie, pues eran inalcanzables en todos los sentidos.

Los héroes mexicanos eran más perfectos que los dioses del Olimpo. Zeus podía bajar a la Tierra y meterse entre las sábanas de alguna atractiva y seductora mujer de carne y hueso; los dioses organizaban grandes orgías con las diosas; bebían en exceso, hacían berrinches y destruían civilizaciones. Los héroes mexicanos eran incapaces incluso de desearles mal a sus enemigos.

Los villanos corrieron una suerte semejante pero en sentido contrario, trazaron un sendero pavimentado con epítetos: traidores, vendepatrias, ambiciosos, ladrones, corruptos, intolerantes, y sin embargo no eran otra cosa que personajes que defendieron una causa distinta de la que enarbolaron los vencedores, mientras que su derrota los envió al infierno cívico.

En los albores del siglo XXI no podemos permitirnos seguir concibiendo la historia desde la perspectiva de los héroes y los villanos, porque esa visión maniquea ha polarizado y dividido a la sociedad —la historia como bandera política— y minado nuestra identidad. El pasado es resultado del hombre y sus circunstancias, y comprenderlo en su contexto es la mejor forma de aceptarlo para construir el futuro sin prejuicios.

En todo caso, los únicos héroes que me permito reconocer son el Hombre de Hierro, Thor, Hulk, el Capitán América, el Hombre Araña, Batman… y por consiguiente, los únicos villanos que gozan de crédito en mi ánimo son sus archienemigos: El Guasón, El Pingüino, Loki, Lex Luthor, El Lagarto, El Mandarín, más una larga fila de mutantes, monstruos y seres de otras galaxias que se la pasan molestando a la Tierra. Es todo.

෴

Benito Taibo

Si pudiéramos describir a la historia a partir de sus aparentes propiedades físicas, me atrevería a decir que me parece volátil, maleable y altamente inflamable, por decir lo menos.

Corren versiones contradictorias sobre un mismo hecho, supuestamente documentado por sus protagonistas, se interpreta a voluntad o capricho y acaba siendo la mayoría de las veces edulcorado por el oficialismo, o por el contrario, teñido de unos colores patrioteros y cursis para convertirlo en heroico y digno de mención.

Parafraseando a Eduardo Galeano cuando dice que «No hay riqueza inocente», me atrevo a afirmar que tampoco hay historia inocente: sesgada, utilizada al antojo, manipulada, convertida en palabra de oro que adorna la pared de congresos y alcaldías, banderas, en himnos y discursos presidenciales en todo el mundo, ha pasado siempre como una suerte de mercancía, siendo manoseada para fines no del todo honorables.

Yo quise ser historiador, lo confieso, y confieso también que los maestros que me tocaron en suerte a la hora de elegir carrera y profesión no fueron lo suficientemente convincentes ni lo suficientemente apasionados para mantenerme en el rumbo de mi supuesto destino. Preferí estudiar por mi cuenta, leer más de dos versiones, confrontarlas, pelearme con la historia y encontrar en los recovecos y los agujeros que van dejando a su paso aquellas pequeñas cosas que la convierten en determinante, que la hacen ser no sólo un montón de fechas inútiles que te hacen aprender o nombres de calles, plazas o monumentos que por su grandilocuencia acaban perdiendo su origen primigenio y su verdad intrínseca.

La historia, hecha por hombres y que se refiere a otros hombres, pasa casi siempre por el tamiz de lo políticamente correcto, o por el de los odios acendrados e inútiles que sólo logran confundir al que a ella se acerca para intentar esclarecer el pasado en busca de rasgos de identidad y pertenencia.

Así, hemos visto cómo algunos han bautizado a Madero de «ingenuo», a Porfirio Díaz como «progresista», a Francisco Villa de «salvaje»: simples reduccionismos que en nada abonan a la comprensión de un tiempo y unas circunstancias que la mayor parte de las veces se nos escurren como agua entre los dedos.

Acercarse a la historia sin inocencia o ingenuidad requiere mirar críticamente las fuentes de donde emana, la ideología o el gusto del historiador que la refiere, sus filias y sus fobias, pero sobre todo un compromiso fundado en la razón y la pasión.

«Héroes» y «villanos» son tan sólo dos fórmulas facilonas para ensalzar o defenestrar a aquellos protagonistas de sucesos determinantes en la construcción de países e identidades. Debemos saber bien que no siempre apariencia es sinónimo de realidad, y en ello jugar nuestra mejor carta, la de la interpretación y la memoria.

Pero olvidamos, las más de las veces, que ante todo y sobre todo hablamos de hombres (y mujeres) de carne y hueso, con defectos y virtudes, altas y bajas pasiones, contradictorios o preclaros; llenos de dudas y también de inflamados espíritus que los hacen ser quienes hoy son.

Nuestra propuesta es simple: despojemos del oro a las palabras puestas en las paredes, de bronce a las estatuas, de patriotismo ramplón a los bandos y los himnos. Quedémonos con los seres humanos, esos protagonistas que fueron, y midámoslos con la vara de la perspectiva que nos brindan el tiempo y la memoria.

Pero no se llamen a engaño: tampoco encontrarán inocencia en nuestras palabras.

Hay, detrás de estos *conspiradores* que somos, un afán de divulgación, ganas de saber y entender, de desenmascarar o erigir nuevos pedestales merecidos, pero siempre teñido con la carga ideológica, política, social, de nuestras propias y singulares maneras de ver el mundo; nos presentamos como somos (por lo menos en esencia), y decimos lo que pensamos y lo que se nos antoja. Como deberíamos ver, también, a esos héroes o villanos que nos han vendido y que muchas veces no son lo que aparentan, y de serlo, intentar verlos con todos sus matices. El mundo no está hecho en blanco y negro: las variantes de gris que hay entre uno y otro son las que lo hacen —aunque pareciera contradictorio— colorido y sabroso.

No hay en estas páginas un afán decimonónico de «enseñar» a nadie. Por el contrario, se trata de que juntos encontremos lo más parecido a la verdad, esa huidiza señora que vive a salto de mata desde el principio de los tiempos, para que la historia (así, en minúsculas) deje de ser esa feroz desconocida y se convierta en nuestra aliada y nuestra tabla de salvación para el naufragio.

Que se diviertan mientras aprendemos juntos.

1
CUAUHTÉMOC

&

Dentro del imaginario de la extinta historia oficial, Cuauhtémoc, último emperador de los aztecas, fue el primer defensor de la soberanía nacional, no obstante que México no existía ni siquiera como un sueño. La historia de Cuauhtémoc parece terminar con la caída de Tenochtitlán, y sin embargo, todavía mediaron cuatro años antes de que fuera ejecutado por órdenes de Cortés. ¿Qué sucedió en ese lapso con Cortés, con Cuauhtémoc, con la ciudad en ruinas, con la organización de la Nueva España? ¿En qué condiciones terminó su vida el último tlatoani? Dudas que despejó la historia.

FRANCISCO:

Queridos conspiradores, la historia de México en muchas ocasiones registra un acontecimiento concreto, protagonizado por un personaje, pero después ya no sabemos qué fue lo que sucedió con ese personaje. Por ejemplo, nos dicen: la caída de Cuauhtémoc en 1521. ¿Qué pasó después con Cuauhtémoc? Se pierde en la noche de los tiempos. Veamos también el caso de la Corregidora...

BENITO:

... da dos taconazos y desaparece.

FRANCISCO:

Da los dos taconazos en 1810 y muere hasta 1829, bueno, ¿y qué pasó con la Corregidora? Vemos que los conservadores mandaron asesinar a Melchor Ocampo, ¿qué pasó después con Juárez?, ¿qué sintió Juárez? En fin, hay muchos temas de estos en los que quisiéramos saber qué fue lo que sucedió.

ALEJANDRO:

Incluso hay casos como el de Maximiliano, en el que su historia después de muerto es tan buena como la de su vida.

BENITO:

Y la de Carlota.

ALEJANDRO:

O la de Carlota, aquí estamos hablando de una biografía *post mortem*, aunque sea...

BENITO:

... como la del Cid.

ALEJANDRO:

Exactamente, es muy buena idea que nos metamos a ¿qué sucedió después?

EUGENIO:

Sobre todo ver las consecuencias de estas vidas, posteriores a sus caídas o derrocamientos, que son muy interesantes.

FRANCISCO:

Porque además hay casos que no debemos perder de vista. ¿Les parece que contemos qué pasó después en los diferentes momentos de la historia? Como Victoriano Huerta, qué pasó después de que lo derrocan; qué pasó después con Porfirio Díaz, cuando lo derrocan. Entonces, brindemos por lo que pasó después.

FRANCISCO:

El imperio azteca cayó en 1521, en buena medida por la epidemia de viruela. No cae víctima de la superioridad militar española, sino de la epidemia que trajeron los españoles, como también aconteció en Perú, y ahora han salido unas revelaciones sensacionales en ese sentido.

ALEJANDRO:

Más bien viruela.

EUGENIO:

Sí, que la trajo un negro que venía con…

FRANCISCO:

… con Pánfilo de Narváez, expedición organizada para capturar a Cortés por órdenes del gobernador de Cuba, Diego Velázquez. El 90% de la población murió gracias a la viruela porque no teníamos los anticuerpos.

BENITO:

La primera guerra bacteriológica.

FRANCISCO:

El propio Cuitláhuac muere de viruela. El *tlatoani*.

EUGENIO:

El héroe de la resistencia azteca en contra de los españoles. Pero la figura de Cuauhtémoc es muy interesante porque era un príncipe tlatelolca, no era tenochca; para poder suceder a Cuitláhuac lo casan con la persona a la que se conoce como Isabel Moctezuma Tecuichpo Ixcaxochitlzin, hija de Moctezuma Xocoyotzin…

FRANCISCO:

… *Copo de Algodón*.

EUGENIO:

Copo de Algodón. Lo casan con ella, y entonces ya puede acceder al cargo de *huey tlatoani* de los tenochcas, para continuar con la resistencia.

BENITO:

Es un año antes de la caída. Tan sólo un año.

ALEJANDRO:

Lo de la Noche Triste es el 30 de junio de 1520. Después de esa victoria de Cuitláhuac, a las dos o tres semanas él fallece y sube al poder Cuauhtémoc.

FRANCISCO:

¿Con qué edad?

EUGENIO:

Era muy jovencito.

FRANCISCO:

Tenía veinticuatro años. No hay esta precisión, porque tampoco se conoce.

EUGENIO:

Podemos usar esa fecha.

ALEJANDRO:

Es que también la vida era a otro nivel. Cortés tenía treinta y seis cuando conquistó Tenochtitlán.

EUGENIO:

Alejandro Magno muere de treinta y tres años.

ALEJANDRO:

Y ya había conquistado el mundo conocido entonces.

FRANCISCO:

Viene entonces la historia de cuando se rinde, finalmente. En el lago de Texcoco se rinde Cuauhtémoc, que va con su familia...

EUGENIO:

... García Holguín es el que lo apresa.

FRANCISCO:

En el lago de Texcoco. Después Cuauhtémoc le da su cuchillo a Cortés para que lo mate y le dice: «No pude defender a mi pueblo».

BENITO:

«Toma este puñal que tienes en el cinto y mátame», ¿no era la frase?

FRANCISCO:

Eso fue lo que dijo.

ALEJANDRO:

Seguramente no le dijo eso. Le dijo: «*Okey*, ya, soy tu prisionero».

FRANCISCO:

«*Okey*» tampoco.

BENITO:

«*Okey*» seguramente no le dijo.

FRANCISCO:

Yo creo que no le dijo «*okey*». ¿Tú crees que sí?

BENITO:

Pero suena muy bonito. Suena a obra de teatro: «Toma este puñal que tienes en el cinto y mátame». Así nos lo enseñaron.

ALEJANDRO:

Eso lo puso Martín Luis Guzmán en los libros de texto desde 1960.

BENITO:

Y yo, con Martín Luis Guzmán hasta la muerte.

ALEJANDRO:

Ahí sí, ¡salud!

BENITO:

¿Viste qué rápido lo convencí?

EUGENIO:

Un brindis rápido por Martín Luis Guzmán.

FRANCISCO:

¡Qué bruto; no, bueno, qué escritor!

BENITO:

Entonces, como gran escritor, pone esas palabras en boca de Cuauhtémoc.

ALEJANDRO:

Pero, ¿sabes qué? Es muy interesante la manera en que planteamos este tema y como lo dices tú, Paco, por un momento, conspiradores en casa, vámonos a ese 14 de agosto de 1521, es decir, un día después de la caída de Tenochtitlán: ya habían apresado al emperador, ya había sucedido lo del puñal con Cuauhtémoc… Es una ciudad totalmente destruida. Hiede la ciudad porque hay cadáveres, están putrefactos…

EUGENIO:

… huele a muerte.

ALEJANDRO:

Huele a muerte. Después de setenta y tantos días de sitio…

BENITO:

    ... de asedio.

FRANCISCO:

    Además Cortés, en combinación con los tlaxcaltecas —aquí sí lo ayudan—, hace el bloqueo de todos los acueductos de tal manera que no llegara agua.

ALEJANDRO:

    No había agua potable. Los propios aztecas habían amontonado los cadáveres para barricadas, es una cosa... Como suelen ser los sitios militares.

EUGENIO:

    Sí, terribles.

ALEJANDRO:

    Es el segundo día después de la conquista y lo que hace Cortés es irse a Coyoacán, la que conoció como su «amada villa», a establecerse mientras empezaban los trabajos de limpieza de todo lo que había sido Tenochtitlán, donde utilizaron muchas de esas piedras para la construcción de la nueva ciudad.

EUGENIO:

    De hecho, Cortés tenía ahí sus serrallos, es decir, tenía varias mujeres, varias hijas de Moctezuma; tenía a Malitzin en esa casa de Coyoacán, y tuvo relaciones sexuales con todas ellas, inclusive con Tecuichpo Ixcaxochitlzin, que era la mujer de Cuauhtémoc en ese momento: la viola y tiene con ella una hija que se llamó Leonor Cortés Moctezuma, que después se casó con el conquistador de Zacatecas.

FRANCISCO:

    También viola a la madre de Moctezuma Xocoyotzin.

ALEJANDRO:
    ¿Cómo saben que la viola?

FRANCISCO:
    Yo estaba ahí, Alex.

EUGENIO:
    ¿No te enteraste?

ALEJANDRO:
    A lo mejor le gustaba el conquistador; por algo era «el conquistador».

FRANCISCO:
    No, Alex.

EUGENIO:
    Cortés violaba a las hijas, a las madres de todo mundo.

BENITO:
    A ver, déjame hacerle un reconvenimiento: ¡chale!

EUGENIO:
    Bueno, ¿y qué pasó con Cuauhtémoc?

BENITO:
    Cuauhtémoc estaba prisionero.

EUGENIO:
    Viene el tormento: el tormento para que entregue el tesoro que según Cortés le había esquilmado, se había perdido o se lo habían robado durante la «Noche Triste».

BENITO:
    Perdón, pero ahí sí hay un tema. En ese momento Cortés

tiene, según algunas de las crónicas, veintiocho mil piezas de oro; en términos estrictos, lo que habían logrado como botín de guerra, por llamarlo de alguna manera, no era suficiente para repartir entre toda su tropa. Entonces necesitaba más, y ellos están convencidos de que existe un tesoro de Moctezuma escondido en alguna parte.

EUGENIO:
Y es que además, en la huida de la llamada «Noche Triste», mucho de ese tesoro que habían acumulado los conquistadores se pierde en el lago y Cortés piensa que seguramente lo recuperaron los propios aztecas y saben dónde está.

FRANCISCO:
Pero hay que ver también cómo se pierde en el lago. Los aztecas estaban furiosos por la masacre del Templo Mayor; querían la venganza por esa masacre tan espantosa. Muchos españoles que van en desbandada se ahogan porque están llenos de oro, no les da tiempo de sacarse el oro...

BENITO:
... más las armaduras.

FRANCISCO:
Más todo lo que llevaban, se ahogan con todos esos objetos de oro y plata que eran finalmente ornamentos de los aztecas.

ALEJANDRO:
Pero en este caso del tesoro, esa fue la gran leyenda que se construyó, el famoso tesoro de Moctezuma. Los españoles, como decías, Benito, sí creyeron que se los había *chamaqueado* Cortés, o sea, que al final él se había quedado con todo. Ahí se da lo que yo llamé, en un artículo

que publiqué hace tiempo, «el primer grafiti de nuestra historia»: Cortés vivía en su casa de Coyoacán, todavía no se acostumbraba pintarlas, y tenían cal, entonces en la noche llegaban los soldados a ponerle: «Oye, no te pases, te has quedado con el tesoro», pero en español antiguo. A la mañana siguiente se levantaba Cortés, veía eso, se molestaba y ordenaba encalar las paredes, hasta que después de dos o tres noches mandó un bando que decía que aquel que se atreviera a decirle del tesoro que él ya había repartido y que además se atreviera a ponerlo por escrito en su pared... azotes; eso lo cuenta Hugh Thomas en *La conquista de México*. El primer grafiti fue el grafiti cortesiano.

EUGENIO:

Pero también le reclama violentamente Cortés a Cuauhtémoc y le dice: «Tienes que recuperar ese tesoro que se perdió en los canales, y quiero que me lo entregues». De hecho Cuauhtémoc lograr recuperar parte, una parte muy pequeña de ese botín, y se lo vuelve a entregar. Entonces Cortés dice: «No, no, pero aquí falta mucho» y empieza el tormento, cuando le queman los pies.

BENITO:

Para nuestros amigos en casa: ¿dónde estaban? Estaba no sólo Cuauhtémoc, estaba acompañado por uno de sus...

EUGENIO:

... Cacama.

BENITO:

¡Ah! Es Cacama.

FRANCISCO:

Y Tetlepanquetzaltzin, el señor de Tlacopan.

ALEJANDRO:

Y un florero de rosas.

BENITO:

Ese es otro de los grandes mitos de México. Si ustedes se acercan, en la Ciudad de México, a la estatua de Cuauhtémoc, verán los nombres de los tres que lo acompañaron...

EUGENIO:

... que lo acompañaron en la tortura.

BENITO:

Eso de que Cuauhtémoc dijo: «¿Qué acaso estoy yo en un lecho de rosas?», es un mito, una leyenda, que viene de una novela popular del siglo XVIII...

ALEJANDRO:

... de donde venga, es lo mismo que lo del puñal.

BENITO:

Pero eso lo hizo Martín Luis Guzmán; no te metas conmigo. En este caso parece ser que dijo: «No estoy en un baño».

ALEJANDRO:

¿En serio?

BENITO:

Sí, eso lo leí hace poco en un... O algo así como: «¿O piensas tú que yo estoy en un baño?».

FRANCISCO:

Baño del deleite, algo así...

BENITO:

Eso, en un baño, o un deleite.

EUGENIO:

Más bien un deleite, porque un baño no tenía...

BENITO:

Pero, bueno, ¿dónde estaban en ese momento, físicamente?

EUGENIO:

Debían de estar en el palacio de Moctezuma.

BENITO:

En el propio palacio.

EUGENIO:

Supongo. Porque ahí le hacían las reclamaciones, ahí estaba concentrado el gobierno.

FRANCISCO:

O en el palacio de Axayácatl.

ALEJANDRO:

Quién sabe, porque luego, luego se va a Coyoacán; aquello era ruinas. Tenochtitlán era ruinas, y no me imagino cómo estaban operando en la ciudad. Además, el hedor debe de haber sido verdaderamente insoportable.

BENITO:

Un cuarto de tortura en cualquier sitio.

ALEJANDRO:

Y el sol de agosto. Yo, como conquistador de México, me voy a mi casa, tráiganme una hamaca y dos chelas.

EUGENIO:

Hamaca no.

ALEJANDRO:
Y desde ahí despacho.

EUGENIO:
Hamaca no, porque no estaba en Yucatán.

FRANCISCO:
Sí que fue un horror eso. Hay que ver cómo le quedaron los pies a Cuauhtémoc.

BENITO:
Y las manos.

FRANCISCO:
Y las manos. Cuauhtémoc se quedó sin los pies, se quedó solamente con un muñón. Cuando te dicen: «Es que le quemaron los pies», cualquiera diría que le quemaron las plantas de los pies y no es cierto: perdió los pies en vida.

EUGENIO:
Y las manos.

FRANCISCO:
Y las manos, en vida. Hay que ver lo que fue eso.

BENITO:
Porque le llenan de aceite pies y manos, y luego se encienden.

EUGENIO:
Una tortura infame.

BENITO:
Una bestialidad.

FRANCISCO:

Hay que imaginarse el dolor.

EUGENIO:

Creo que es cuando alguien, viendo a Cuauhtémoc cómo está sufriendo, llega y entrega parte del botín recuperado, pero todo eso son especulaciones.

FRANCISCO:

Pues bridemos por Cuauhtémoc, esa parte me parece... Es uno de los grandes mexicanos.

BENITO:

En el nombre llevaba la penitencia.

FRANCISCO:

Usted, conspirador en casa, se puede imaginar el dolor, la tortura de que le quemen los pies, que podría parecer que es poca cosa porque los retira pero no, se los queman al extremo de que desaparecen los pies y desaparecen las manos. Y a pesar de todo ello, Cuauhtémoc no confiesa la existencia del tesoro.

ALEJANDRO:

Porque no existía: ahí fue la maldita necedad de los españoles. Es que sí se habían construido aquello en el imaginario, incluso ciudades de oro.

BENITO:

Siete ciudades.

ALEJANDRO:

Cíbola y Quivira, que eran ciudades de oro y que nunca encontraron... De ahí la leyenda de El Dorado. O cuando llegaron al Orinoco y creyeron que era uno de los ríos que regaban los jardines del Edén. Había mucha fantasía medieval todavía entre estos hombres, y obviamente después de lo que habían visto en el palacio de Axayácatl, y en el palacio de Moctezuma, han de haber dicho: «Pues si estos son nada más adornitos...».

EUGENIO:
... imagínate lo que hay detrás de todo esto.

FRANCISCO:
¿Qué pasa después? Le queman los pies, no hay tesoro, todo esto acontece en 1521. Pero Cuauhtémoc muere hasta 1525.

EUGENIO:
Y muere en el viaje a las Hibueras: Honduras.

FRANCISCO:
Pero son cuatro años en los que debemos ver qué pasa con él.

EUGENIO:
Qué motiva ese viaje a las Hibueras.

ALEJANDRO:
Eso es muy importante, porque nuevamente hay que pensar que la Ciudad de México está en plena construcción. Llega Alonso García Bravo, que es el alarife de Cortés, el que a partir de las calzadas que ya tenía México-Tenochtitlán —la de Ixtapalapa, la del Tepeyac y la de Tacuba— es que traza los ejes para construir la ciudad. En ese momento Cortés conserva a Cuauhtémoc por seguridad, es su seguro de vida. Sí había posibilidades de que en cualquier momento los indios se rebelaran, lo cual también abona, al no haber habido una rebelión,

en las alianzas que logró hacer Cortés con otros pueblos indígenas. ¿Cuántos españoles les gustan que fueran en ese momento?

BENITO:
Ya eran más de seiscientos.

FRANCISCO:
Cuando llegan originalmente eran doscientos cincuenta, de los cuales cuarenta y siete eran de a caballo. Después ya eran setecientos.

ALEJANDRO:
En total, en la conquista eran como mil doscientos españoles. Realmente quiere decir que no todos los indios los repudiaban; quizá se enteraron tarde de que debieron haberlos repudiado, luego, por la explotación.

FRANCISCO:
También tiene que ver con un tema de miedo, en muchos sentidos.

ALEJANDRO:
¿Pero miedo a qué?

BENITO:
Estoy pensando en el gueto de Varsovia, y perdón por irme tan violentamente de un sitio a otro. Parece ser que en el gueto de Varsovia, en la ocupación nazi, no había más de cuatrocientos soldados alemanes, y que en el gueto había más de...

FRANCISCO:
... medio millón.

BENITO:

Medio millón de personas. Una rebelión hubiera sido factible, pero el miedo paraliza. Lo pongo sobre la mesa como tantas otras cosas.

EUGENIO:

Podemos pensar en el miedo, podemos pensar en la admiración que les tenían, porque los habían derrotado de alguna forma.

ALEJANDRO:

Porque también muchos de los indios eran vencedores, no habían sido vencidos.

EUGENIO:

Los tlaxcaltecas fueron vencedores. De hecho, la ciudad de Saltillo, en Coahuila, se funda con tlaxcaltecas: mandan huestes tlaxcaltecas para fundar la ciudad.

FRANCISCO:

Pero hay que pensar también en estos hombres que quedaron, porque se muere, según las estadísticas que sacaron hace poco, el 90% de la población del Valle de México; hay que ver el estado anímico de esta gente que perdió su casa, su familia…

EUGENIO:

Sus estructuras.

FRANCISCO:

Sus dioses.

EUGENIO:

Y hay que ponderar que conjuntamente empieza a llegar la conquista espiritual, que eran los evangelizadores: en primera instancia hablan de un dios de amor, de un dios de comprensión, de un dios de tolerancia.

FRANCISCO:

Que los indios no entienden, porque en un principio preguntan: «¿Cuál es tu dios?». «Pues es ese». «¿Cómo ese? Está crucificado, muerto, atravesado por una lanza, y con los pies y manos clavados... Ese es tu dios... Pues son ustedes unos salvajes». No lo entienden los indígenas.

EUGENIO:

Pero a pesar de ello, los primeros frailes eran buenos, eran bondadosos, comprensivos con los indígenas y los apoyaban y ayudaban.

ALEJANDRO:

Te vas a quemar en el infierno, porque aquí somos anticlericales.

EUGENIO:

Si yo también soy anticlerical, pero los lirios de Flandes se cocinan aparte.

BENITO:

Pero volvamos a Cuauhtémoc.

ALEJANDRO:

Todo es para poner en contexto esos años.

BENITO:

Todo mundo piensa que Cuauhtémoc muere en el tormento.

FRANCISCO:

No.

BENITO:

Pero mucha gente lo piensa: «Y Cuauhtémoc, mira, le queman los pies, *bye*», y es como si hubiera muerto.

FRANCISCO:

No es cierto. Ese es el punto.

EUGENIO:

Cortés se lleva a Cuauhtémoc a este viaje a las Hibueras. Ahora, ¿cómo se lo lleva?, porque no podía caminar.

FRANCISCO:

Antes de esto, Cortés creía que Cristóbal de Olid, otro de estos invasores españoles —yo me resisto a decirles conquistadores, me enferma la palabra—...

ALEJANDRO:

¿Invasores de qué?

FRANCISCO:

Invasores del territorio mesoamericano, ya.

ALEJANDRO:

Esa estuvo buena. Te la concedo.

FRANCISCO:

Un punto. Va a arrestar a Cristóbal de Olid a Honduras. Hay que ubicar a nuestros queridos conspiradores en casa, las Hibueras estaban en Honduras.

ALEJANDRO:

Así se le llamaba a Honduras.

FRANCISCO:

Hay que ver lo que era caminar en aquella época. Ahora,

no puedo dejar de ser novelista: cruzar un río, por ejemplo el Usumacinta…

EUGENIO:
… Pánuco, Grijalva.

ALEJANDRO:
Es que, Paco, cruzar cualquier cosa… A mí me dicen, «Vete a esa selva…»: se me va a aparecer el diablo, dieciocho dragones, treinta y siete monstruos…

FRANCISCO:
… más los animales ponzoñosos, más los tigres, más…

ALEJANDRO:
Además, imagínate, todavía dijeras que se fueron al Bajío, más o menos acá campechanón…

FRANCISCO:
A la selva.

BENITO:
Y a la selva cerrada.

ALEJANDRO:
A la selva, con el calor, con las armaduras…

FRANCISCO:
… los moscos, las víboras, los alacranes, las tarántulas, las arañas, las alimañas.

EUGENIO:
Una selva que estaba dominada por los mayas, porque todo eso era territorio maya.

FRANCISCO:

Allá se va, se dice que llegó un momento en que Hernán Cortés no se quitó la armadura en seis meses.

ALEJANDRO:

¡Uf! Ya me imagino cuando se la quitó.

FRANCISCO:

Y qué quieres que te cuente del aliento, que también cuenta.

BENITO:

Me voy a quitar eso de la cabeza.

ALEJANDRO:

Sabes, deberíamos hacer una charla escatológica.

BENITO:

Una charla sobre higiene.

ALEJANDRO:

Primer baño, las letrinas, las escupideras; nos las traemos y a ver quién gana.

FRANCISCO:

Imagino lo que decía Eugenio cuando Cortés quiere violar a Tecuichpo, *Copo de Algodón*, y se quita la armadura: imagínate a lo que apestaba ese monstruo.

BENITO:

A ver, ¿a qué va a las Hibueras? Toma a Cuauhtémoc, que ya no tenía pies ni manos...

ALEJANDRO:

Lo han de haber llevado a caballo.

EUGENIO:

Lo han de haber llevado cargando.

BENITO:

No, o en un palanquín.

FRANCISCO:

Y también lleva a Tetlepanquetzaltzin, que era el rey de Tlacopan.

BENITO:

¿Para qué va a las Hibueras? Para qué lleva a…

ALEJANDRO:

Es una expedición punitiva.

FRANCISCO:

Quiere arrestar a Cristóbal de Olid, porque pensaba que De Olid ya había encontrado El Dorado y se lo había agandallado, se lo había robado todo y él ya se estaba comunicando también con el emperador, con Carlos V; nada más falso que eso. Ahí va y no quiere dejar en Tenochtitlán a Cuauhtémoc, porque piensa que con lo poco que queda puede haber un levantamiento armado, y por eso decide llevárselo. Por eso tampoco decide matar oportunamente a Moctezuma, porque dice «Moctezuma me puede servir», y después, cuando se da cuenta de que ya no le sirve, pues lo mata.

EUGENIO:

Moctezuma ya estaba muerto desde hacía mucho tiempo.

FRANCISCO:

Ya hacía mucho tiempo, pero por la misma razón lo manda matar cuatro años antes, lo asesina. Mentira que le habían aventado una pedrada de…

BENITO:

Lo asesina por la espalda.

ALEJANDRO:

Ahí no hay ninguna versión concluyente. Está la versión de que lo asesina por la espalda...

BENITO:

Sí, que por la espalda le da una puñalada.

ALEJANDRO:

La otra es la que dice que murió por una pedrada.

BENITO:

Sí, Duverger, en el libro sobre Cortés, habla de la puñalada por la espalda.

ALEJANDRO:

A mí me gustan las interpretaciones de Hugh Thomas, porque es un inglés desapasionado.

BENITO:

¿Y los ingleses lo ven todo de una...?

ALEJANDRO:

La hora del té a las cinco.

FRANCISCO:

Volvamos con Cuauhtémoc.

EUGENIO:

Ya estamos camino a las Hibueras. Cruza los pantanos, se enfrentan a los mosquitos...

FRANCISCO:

Cortés viaja para someter a Cristóbal de Olid. Cuauhtémoc no tiene más remedio que acompañar a Cortés rumbo a las Hibueras, lo que hoy es Honduras. No tiene más remedio; claro que lo llevan en unas parihuelas porque no puede caminar, porque no tiene manos, se las quemaron para arrancarle el secreto del tesoro. ¿Qué sucede cuando llegan finalmente a las Hibueras?

EUGENIO:

Se habla de que los indios están conspirando.

ALEJANDRO:

Por eso Cortés reacciona con violencia. Doña Marina va con ellos y se entera de que hay una conjura o se prepara una, ¿pero cómo Cuauhtémoc, en su estado, podía dirigir una rebelión? Estaba físicamente devastado, nada más resistía por dignidad. No había manera de que encabezara una rebelión.

EUGENIO:

Iban otros dos señores con él también, y se presume que habían tramado esta conspiración para levantarse en…

ALEJANDRO:

«Oye, ahorita que se distraiga Cortés, te vas de cojito y le…».

FRANCISCO:

Pero no era local. Lo que se supone que era el ardid, o la conjura, era que querían bloquear las ciudades periféricas. Se supone que Cuauhtémoc se estaba comunicando con diferentes señores y les estaba diciendo, en lo que es Tabasco, en Coatzacoalcos, en la Ciudad de México, «Vamos a…».

EUGENIO:
    … a levantarnos.

FRANCISCO:
    Y que él estaba haciendo esta conjura no específicamente
    en las Hibueras, sino en el interior de…

EUGENIO:
    … en el Valle de México y también en Tabasco.

ALEJANDRO:
    Pero eso también lo puedes poner en duda. Qué influencia
    podía tener Cuauhtémoc si hacía cuatro años había caído
    el ombligo del mundo, del universo…

FRANCISCO:
    Y hoy, ¿seguimos siendo el ombligo del universo?

EUGENIO:
    Sí, claro.

BENITO:
    Por lo menos de nombre.

ALEJANDRO:
    Muy bien.

BENITO:
    Porque *México* quiere decir eso.

FRANCISCO:
    Entonces sucede que se descubre precisamente la conjura.

EUGENIO:
    Más bien se inventa la conjura, se le da por verídica y
    entonces decide asesinarlos.

ALEJANDRO:

Supuestamente en Ixcateopan, Guerrero; a ver si en estos días de violencia no resultan con que en la fosa donde encontraron al supuesto Cuauhtémoc también hay restos de otros desaparecidos. La versión de que los restos de Cuauhtémoc se encuentran en Ixcateopan es una mentira, un gran escándalo nacional.

FRANCISCO:

Entonces, ¿dónde están los restos de Cuauhtémoc?

EUGENIO:

No se sabe.

FRANCISCO:

¿Dónde están los restos de Morelos? El Padre de la Patria: aunque sea sacerdote, no me importa, pero ese sí es un señorón. Nadie sabe dónde están ni los restos de Cuauhtémoc ni los de Morelos.

EUGENIO:

La verdad es que nunca se sabe dónde quedan los restos y se hacen muchos inventos; se recogen los primeros restos, a veces hasta de animal, dicen: «Estos son los huesos del prócer» y los entierran.

BENITO:

Bueno, durante el sexenio de Miguel Alemán (1946-1952), Eulalia Guzmán, una importante arqueóloga mexicana, una celebridad en ese sentido, muy seria...

ALEJANDRO:

Hasta ese momento.

BENITO:

...tuvo que aceptar la verdad del gobierno de que los restos de Cuauhtémoc habían sido descubiertos en Ixcateopan.

ALEJANDRO:

Se lo impusieron porque acababan de descubrir los restos de Cortés en la iglesia del Hospital de Jesús y era casi anti-patriótico que se descubrieran los restos del conquistador y no tuviéramos los de Cuauhtémoc, «primer defensor de la soberanía nacional», de acuerdo con el discurso oficialista. Era pecado, sacrilegio, *me rasgo las vestiduras*.

BENITO:

Cierto, a finales de los años cuarenta mandan a Eulalia Guzmán a Ixcateopan, Guerrero, porque encuentran una osamenta, una tumba; pero además había unos elementos que podían determinar que ahí había un señor...

EUGENIO:

... un señor importante.

BENITO:

Obligan a Eulalia Guzmán a decir que eran los restos de Cuauhtémoc. Todo mundo sale en la prensa, le toman fotos, salen con los restos de Cuauhtémoc, etcétera, etcétera.

EUGENIO:

Y para su fortuna no se conocía el ADN.

BENITO:

Ahí está el tema, y muchas de las técnicas que hoy se utili-zan, forenses, demuestran fehacientemente... Hoy se sabe que esos restos, muchos son de mujer...

ALEJANDRO:

... y había restos de niños. Además, por medio de un decreto presidencial, Alemán autentificó los restos. Es increíble.

FRANCISCO:

Pero también decretó lo mismo con los restos de los Niños Héroes.

ALEJANDRO:

Exactamente, a él le gustaba escribir la historia por decreto.

FRANCISCO:

Y que se acabe ya aquí.

ALEJANDRO:

Y como lo decretó, la prensa libre que todavía existía en ese entonces dijo: «Bueno, sí, son los restos de Cuauhtémoc, pero de cuando era niño».

FRANCISCO:

Eso fue buenísimo.

EUGENIO:

Lo mismo sucedía con el cráneo de Pancho Villa, que se lo robaron de la tumba: cuando uno iba a Guadalajara en el tren, se paraba en Querétaro y venían unas señoras: «Oiga, le vendo la cabeza de Villa cuando era niño». Uno se les quedaba viendo y entonces decían: «Si no le parece bien, tengo una de cuando tenía catorce años».

BENITO:

Lo de los restos de Cuauhtémoc y la arqueóloga Eulalia Guzmán fue en 1951.

FRANCISCO:

A Cuauhtémoc lo cuelgan de una ceiba y lo dejan ahí abandonado; se lo comen las aves de rapiña a este *tlatoani* de veintiocho años.

EUGENIO:

Que yo sepa nunca fue sepultado. Por eso lo de Ixcateopan, que está tan lejos de ahí.

ALEJANDRO:

Seguramente sí lo sepultaron, porque era costumbre. Sus restos se perdieron como los de fray Servando, como los de otros mil personajes.

FRANCISCO:

Como los de Morelos, que también…

BENITO:

Los de fray Servando anduvieron en un circo, momificados.

EUGENIO:

Sí, la momia andaba en un circo. Se perdieron en la bruma de la noche.

FRANCISCO:

Cuauhtémoc le dice a Cortés: «Ya sabía que me ibas a matar, ya sabía que esto iba a concluir así, mi gran error fue, cuando me atraparon en el lago de Texcoco, hace cuatro años, no haberme dado una puñalada en el corazón y haber acabado con todo esto, pero temía por mi familia. Antes de matarme lo que yo quería era encargarte a mi familia, si es que tenías el menor sentido del honor y de la dignidad, para que cuidaras de ella».

EUGENIO:

Como lo hizo Moctezuma.

FRANCISCO:

«Yo no podía suicidarme antes de decirle eso a Cortés», dijo Cuauhtémoc.

EUGENIO:

Moctezuma sí le encargó a Cortés a sus hijas.

FRANCISCO:

El punto es: ¿por qué no encontramos los restos de Cuauhtémoc? No los vamos a encontrar.

BENITO:

No.

FRANCISCO:

Ni tampoco los de Morelos, porque yo estoy convencido de que cuando Nepomuceno Almonte, su hijo, se roba, de Ecatepec, los restos de su padre, los tira al mar cuando va a París. Porque había dicho que los dejó en el cementerio del Père-Lachaise y no es cierto, cuando abrieron la tumba...

ALEJANDRO:

Hasta donde sé, ahora, en 2010, cuando sacaron a orear y analizaron los restos de los personajes de la Independencia, héroes de la patria, supuestamente dieron por hecho que sí estaban ahí los restos de Morelos, lo que pasa es que todo había sido una confusión.

FRANCISCO:

Parece que no.

EUGENIO:

Yo creo que están todos mezclados los huesos de los próceres: de Hidalgo, de Allende, de Jiménez y de Aldama. Esos cadáveres estaban descabezados. Las cabezas se quedaron en la Alhóndiga de Granaditas, y esas cabezas quién sabe cuándo las bajaron, y dónde fueron a quedar.

BENITO:

Yo me quedo con *El Águila que Desciende*, que soportó todos esos años de una manera estoica, por llamarlo de alguna manera; sufrida, estoica. Que no murió en el tormento. Es importante que lo sepamos, porque de repente se nos desdibuja la historia de México.

FRANCISCO:

Pero además es muy buen punto. Cortés no dejó que pernoctara con Tecuichpo, la hija de Moctezuma, porque decía: «Si lo dejo, puede haber una sucesión imperial que no me conviene», por eso ni siquiera lo deja pernoctar con su mujer.

FRANCISCO:

¿Con qué te quedas, Eugenio?

EUGENIO:

Yo me quedo con una imagen digna, honorable, con una presencia luminosa de este último *huey tlatoani* de los aztecas; es importante recordarlo con ese cariz.

FRANCISCO:

Yo me quedo con lo mismo, con el sentido del honor, con el sentido de la dignidad, de la heroicidad de este gran mexicano que fue Cuauhtémoc, al que todos debemos recordar y resaltar nuevamente. Brindemos por Cuauhtémoc.

2
BENITO JUÁREZ

෨

En pleno siglo XXI, la figura de Benito Juárez sigue generando polémica; divide opiniones y polariza a la sociedad. Las huestes conservadoras lo acusan de haber sido comecuras y vendepatrias; los liberales lo veneran con una devoción casi enfermiza. No hay tema político en el que no pueda ser utilizada su figura: la ley, las instituciones, la democracia, la República. ¿Cómo entender a Juárez en pleno siglo XXI? ¿Fue un político con suerte? ¿Qué tanto influyó en su obra la generación de políticos que lo rodearon? ¿Tenía en mente vender más territorio? ¿Aplicó la ley como debía hacerlo en el caso de Maximiliano?

FRANCISCO:

Bueno, mis queridos conspiradores, hoy podemos analizar la figura de quien, para mí, sin duda alguna —y no es que sea fanático— es el Padre de la Patria: Benito Juárez.

EUGENIO:

Yo creo que sí eres fanático, porque para mí el Padre de la Patria es José María Morelos y Pavón, uno de los próceres más luminosos que puede tener un país.

ALEJANDRO:

Yo me sumo a Paco...

BENITO:

Yo también.

ALEJANDRO:

... sí creo que es el personaje central para explicar el siglo XIX, y la formación del Estado-Nación mexicano.

EUGENIO:

En ese sentido estoy de acuerdo. No vamos a hablar del Padre de la Patria.

BENITO:

Y el resistente, y el creador del mejor gabinete en la historia de la República; el buen ciudadano, el hombre que hizo que las leyes fueran respetadas, la legalidad, la justicia.

EUGENIO:

Un hombre que acuñó el Estado de derecho, en alguna forma, y gracias a eso el país pudo progresar en su desarrollo.

ALEJANDRO:

Pero creo que también estamos cayendo en esa mitificación que se construyó en torno a Juárez en el siglo XX. Y vale la pena que lo hablemos, porque tampoco era perfecto...

BENITO:

No, no, sin duda.

ALEJANDRO:

... y de repente se le pasó la mano en varias cuestiones. Eso no demerita mi admiración por él, pero sí creo que hay que hablar de un Juárez que no es el que nos vendió la historia oficial en el siglo XX.

EUGENIO:

Tú te refieres a que no era perfecto porque tenía un lunar en la oreja, ¿verdad?

ALEJANDRO:

Y era feo como pegarle a Dios.

BENITO:

Por Juárez y por los parientes y por los liberales, por Dios.

FRANCISCO:

    ¡Viva Juárez!

EUGENIO:

    ¡Viva Juárez!

FRANCISCO:

    Cuando muchas personas dicen «evolucionar en este país, crecer en este país, es complejo, es difícil»; lo es, pero cuando escucho ese argumento, rápidamente viene a mi mente Benito Juárez: un indio zapoteca que llega a la ciudad de Oaxaca cuando tiene doce años de edad, no habla el castellano, y sin embargo llega a ser el presidente de la República. ¡Y qué presidente!

BENITO:

    ¡Y qué República!

EUGENIO:

    Una república convulsa. Pero es un paradigma que se repite muchas veces, el hecho de que los indígenas salgan de sus comunidades, aprendan español tardíamente y después lleguen a ser grandes hombres, grandes luminarias; es algo que afortunadamente en México se repite.

ALEJANDRO:

    Pero para empezar a platicar de Juárez... ¿Cuáles son los mitos que heredamos de la historia oficial del siglo XX? Primero, que había que admirar a Juárez porque es el indio que llegó a ser presidente. Yo creo que ese no es válido, porque hubo otro indio que llegó a ser presidente, que fue Victoriano Huerta.

EUGENIO:

    Era el indio malo.

ALEJANDRO:

Yo creo que el asunto no es de raza. Otro mito, que Juárez era un comecuras, antirreligioso.

BENITO:

Tampoco fue eso.

ALEJANDRO:

Y eso lo vamos a ir desentrañando. El otro es que tocaba su maldita flauta de carrizo sentado en una piedra alrededor de la laguna del Encanto.

EUGENIO:

Esa imagen a mí me gusta porque le da un toquecito griego.

BENITO:

A mí no me gusta. A mí me parece que Hollywood ha distorsionado la historia de México, y eso es parte de Hollywood. La laguna del Encanto, su flautita, los borreguitos, esa no es la manera de convertirte en presidente.

EUGENIO:

No, por supuesto, pero sí puedes tener ese tipo de antecedentes. Andar pastoreando no tiene nada de demérito.

ALEJANDRO:

Pero luego pastoreó a la República.

FRANCISCO:

Pero cuando te dicen que tú eres dueño de tu destino, o que tú construiste tu destino, muchas veces veo que las coyunturas, las situaciones, te van llevando a un camino o te van llevando al otro, hasta que...

EUGENIO:

Pero Juárez fue firme, fue siempre en una línea, pasando por lo que fuera.

FRANCISCO:

Pero si yo te digo que se inscribe como seminarista porque estaba dispuesto a ser cura, entonces...

EUGENIO:

... quizás no era por eso, quizá era la única opción de estudiar una carrera humanística.

BENITO:

Yo también tengo esa sensación. Que tiene que ver más con...

EUGENIO:

Creo que muchos de nuestros grandes curas, como Hidalgo, como Morelos, y muchos que estuvieron en el seminario, no iban con la intención de ser sacerdotes sino de adquirir una profesión libre y cultivarse.

FRANCISCO:

Libre, imagínate qué profesión libre.

EUGENIO:

Bueno, era abogado. Así se les llamaba.

FRANCISCO:

Después, sí. Cuando él renuncia al seminario y estudia leyes, ahí es donde empieza a construirse Juárez. Pero ya tiene fuentes de información bien importantes.

ALEJANDRO:

Y yo creo que la fundamental y la que le va a dar sentido a todo lo que es Benito Juárez es el liberalismo político. Es decir, el principio de igualdad ante la ley es lo que hace que Juárez sea quien fue. Una vez casi me cuelgan por lo que voy a decir: Juárez dejó de ser indio para convertirse en ciudadano, y no porque haya un sentido peyorativo en la cuestión de dejar de ser indio. Si tú ves cualquier discurso de Juárez, en su obra completa, no hay una sola conmiseración o autocomplacencia en su origen indígena. No hay una idea de: «Ay, miren, yo soy un pobre indio zapoteco, por favor ayúdenme, cúrenme, trátenme de manera especial». Yo creo que la grandeza de Juárez es que siempre se vio como un ciudadano, bajo el principio de igualdad ante la ley.

EUGENIO:

Sí, porque de hecho les quitó privilegios a los indígenas. No fue un hombre generoso con los indígenas, para nada. Él era un legalista absoluto, que buscaba integrar a la nación a través de la ley.

FRANCISCO:

Cuando era abogado y ve cómo se dictan sentencias en contra de los indígenas, ves cómo a él le enoja este desprecio.

EUGENIO:

Pero porque se violaba la ley, no porque se tratara de indígenas; igual hubiera defendido a un mestizo o a un criollo.

ALEJANDRO:

Yo creo que ese es el punto fundamental: no es por los indios, es por la desigualdad, es por la «estúpida pobreza», como él mismo la llama en uno de sus discursos. No importa si eres mestizo, criollo, lo que sea, es la ley.

BENITO:

Un gran punto de inicio de todo esto es cómo se va convirtiendo Juárez, de este estudiante de leyes, en el ciudadano, el buen ciudadano.

FRANCISCO:

En el estadista.

BENITO:

Primero un ciudadano; el buen ciudadano. Primero en ciudadano, la lógica de que soy un ciudadano de esta patria: hay que defenderla, hay que cuidarla, hay que estar dentro del territorio, de la legalidad, de la justicia.

FRANCISCO:

Lo marcó su carrera como abogado.

EUGENIO:

Aunque tenía sus variables. Acuérdate que él decía: «A los enemigos justicia...

BENITO:

... y gracia, y a los amigos justicia a secas».

ALEJANDRO:

Y él lo aplicó además dolorosamente, por ejemplo, con Santos Degollado en la Guerra de Reforma. Santos Degollado trató de negociar la paz con los conservadores a través del ministro inglés, y Juárez lo detestó y lo mandó a un juicio. A Santos Degollado lo están juzgando cuando sale a vengar la muerte de Melchor Ocampo en 1861 y ahí lo matan.

FRANCISCO:

Pero eso ya es más adelante. Yo aquí lo que diría es cómo

influye en la vida de Juárez todo su desarrollo como abogado para después fundar el Tribunal Superior de Justicia.

EUGENIO:

Tenía espejos en donde no mirarse a sí mismo sino mirar el transcurso de la historia. Por ejemplo, él conocía perfectamente la Revolución Francesa, y por eso los principios los adaptaba a su forma de actuar como abogado, pero también admiraba mucho a Abraham Lincoln, lo conocía bien, y Lincoln lo admiraba a él. Había una simbiosis.

FRANCISCO:

Pero eso ya es mucho después. Yo a donde quiero llegar es, por ejemplo, al momento cuando llega a ser gobernador del estado. Bueno, aquí tiene un gran encanto este hombre, porque además no perdamos de vista que sirvió... Bueno, lo decía Santa Anna, llegó a servirle como mesero en casa de los Maza; «Ese mugroso indio», decía Santa Anna, «que a mí me sirvió»...

EUGENIO:

Santa Anna lo trataba con mucho desprecio y después Juárez se la va a cobrar con creces.

BENITO:

Con toda razón, y además, ¡qué bueno!

FRANCISCO:

Pero ya lo ves a él formado como gobernador del estado de Oaxaca.

EUGENIO:

Con las riendas en la mano.

FRANCISCO:

Claro, antes ya había sido juez.

ALEJANDRO:

Por un lado está este corpus legal que lo va formando; él se forma dentro de las leyes, y en la idea del liberalismo eso es fundamental, insisto, igualdad ante la ley. Porque el fundamento de igualdad ante la ley va a abrir de pronto la posibilidad de que se acaben los fueros de las dos instituciones más pesadas y de mayor tradición en México: la Iglesia y el Ejército. Entonces empieza esta cuestión legal, el liberalismo, más una cuestión que no es antirreligiosa; mi abuelo contaba que en algún momento de su infancia decían que cuando Juárez murió en el 72 una paloma negra había salido de Palacio Nacional, porque era el hijo del infierno...

EUGENIO:

Era el Espíritu Santo.

ALEJANDRO:

... y no, no era antirreligioso Juárez.

EUGENIO:

Para nada, pero estas actitudes lo marcan, porque él siempre fue sumamente legal y siempre aplicó la ley irrestrictamente, y eso es muy notable.

FRANCISCO:

Pero qué tal cuando llega la última gestión de Santa Anna en el poder. Hago un paréntesis: es increíble que después de que se perdió la guerra contra Estados Unidos, que nos quitaron la mitad del territorio, que Santa Anna era el presidente de la República, que vendió al país, que fue el peor de los traidores, la Iglesia católica lo vuelve a traer, porque ahí va el padre Miranda a traerlo de Colombia y lo vuelven a ungir, ahora sí, dictador.

BENITO:

Su Alteza Serenísima.

FRANCISCO:

Y ahí es donde Juárez huye a Cuba y a Nueva Orleans. Y ahí, en este exilio, es donde se reúne con Melchor Ocampo y los grandes...

EUGENIO:

... pensadores.

ALEJANDRO:

Estamos hablando, nada más para ubicar a nuestros conspiradores, de 1854, que es cuando todo mundo está levantado en armas contra Santa Anna; ellos están en el exilio, y regresarán triunfantes después de derrocar a Santa Anna.

BENITO:

Ahora, creo que un punto importante en todo esto, es cómo figura. ¿Qué hace Juárez en Nueva Orleans? Te puedes imaginar estos exilios dorados a los que estamos acostumbrados en nuestros tiempos.

ALEJANDRO:

Pues sí, jugaba cartas y fumaba puro.

BENITO:

Y los hacía, acabó trabajando en una fábrica de puros, torciendo cigarrillos, y era un obrero, un obrero calificado, pero un obrero.

FRANCISCO:

Acuérdate de la broma que le hacen un día...

ALEJANDRO:

... Melchor Ocampo.

FRANCISCO:

Melchor Ocampo se la hace, cuando dice «indio que fuma puro, ladrón seguro»; con todo y lo bien que se llevaban fue un golpe. Pero cuenta la anécdota tremenda que cuando sube a la azotea de una casa a buscar agua y ahí se encuentra a una mujer, indígena también, y le pregunta: «¿Dónde puedo tomar un poco de agua para lavarme la cara?», le contesta: «Ahí tome usted». No se da cuenta de que estaba hablando con un prócer, pero con una humildad natural.

EUGENIO:

Creo que es el momento pertinente para recomendarles a las personas que nos ven que lean el libro de Ralph Roeder, *Juárez y su México*, y ya más adelante les recomendaré otro.

ALEJANDRO:

Yo tengo un par.

FRANCISCO:

El mío se llama *México ante Dios*, creo que en ese libro puse las esencias de Juárez.

BENITO:

Grandes fórmulas para desmitificar la figura, esta figura de bronce, «la cabeza de Juárez», que nos ha perseguido durante toda la vida, o sus estatuas por todos lados...

EUGENIO:

… en los parques y las plazas.

BENITO:

Un gran bailarín. Le encantaba bailar, era capaz de echarse unas polainas, *echárselas* quiere decir destrozarlas con una noche de polka. Eso está ahí, se sabe.

FRANCISCO:

¿Juárez bailaba?

BENITO:

Juárez bailaba como loco. Se echaba unos botines completos en un baile, en una noche. ¡Qué maravilla!

FRANCISCO:

Era un amante fogoso, porque tuvo trece hijos, o sea, el Benemérito se daba tiempo para todo. Tener trece hijos tiene su encanto —aunque dos de ellos eran de una unión que tuvo antes de contraer nupcias con Margarita—, y le encantaba Margarita.

BENITO:

Las cartas que le envía Juárez a Margarita mientras está huyendo hacia el norte son de una belleza incomparable; porque además, la honrada medianía, el tipo era incapaz de tomar un peso de las arcas de la nación para beneficio propio o para beneficio de cualquier otro que no fuera la nación misma, eso yo creo que es la gran manera de recuperarlo.

EUGENIO:

Y aquí me estás dando pie para recomendar otro libro, que se llama *La lejanía del tesoro*, de Paco Ignacio Taibo II…

BENITO:
    Mi carnal.

EUGENIO:
    … sobre toda la etapa del gobierno itinerante de Juárez, que es una novela muy bien escrita.

ALEJANDRO:
    El primer gran obstáculo para el desarrollo del país, de acuerdo con Juárez, es la Iglesia. El clero poseía un quinto de la riqueza nacional. Don Benito tiene una visión liberal, en términos políticos y en términos económicos, y su modelo es Estados Unidos. Pero para poder transformar al país, primero tiene que hacer frente al gran obstáculo que es la Iglesia.

FRANCISCO:
    Los feudos.

EUGENIO:
    Claro, las tierras de los jesuitas se iniciaban donde está el aeropuerto de Santa Lucía, el aeropuerto militar, y llegaban más al norte de Jalisco, allá por Zacatecas. El prior de los jesuitas presumía de que podía cruzar el territorio nacional sin pisar tierra que no fuera jesuita.

FRANCISCO:
    Lucas Alamán decía que la Iglesia era dueña del 52% de la propiedad inmobiliaria del país.

EUGENIO:
    Increíble.

FRANCISCO:
    Los liberales, encabezados por Juan Álvarez e Ignacio

Comonfort, derrocan a Santa Anna en 1855. Luego convocan a un Constituyente para darle al país una nueva constitución, de carácter liberal, en 1857. Sube al poder Comonfort y Benito Juárez es nombrado presidente de la Suprema Corte de Justicia de la Nación. Los conservadores convencen a Comonfort de desconocer la propia Constitución que él mismo había jurado —so pena de excomunión— y lo hace. Aprehenden a Juárez en Palacio, y cuando Comonfort se arrepiente, lo deja libre. De acuerdo con la Constitución, ante la ausencia del presidente debía asumir el cargo el presidente de la Suprema Corte, y es así como Juárez se convierte en presidente. Y vemos cómo sale Juárez solo de Palacio Nacional, prácticamente solo, con otra persona que lo acompaña, para emprender la lucha contra los conservadores y volver a instaurar la Constitución de 1857. Inicia así la Guerra de Reforma.

ALEJANDRO:
O lo que se llama «la gran década nacional». Para ubicar a nuestros conspiradores, es la guerra que empieza en enero de 1858 y va a terminar en junio de 1867 con el fusilamiento de Maximiliano: son tres años de la Guerra de Reforma y un interludio de un año y fracción sin guerra, pero luego vienen la Intervención y el Imperio. Fundamental en todo este periodo —y tú lo comentaste, Benito— es el gabinete que logra reunir Juárez en torno a su lucha y en torno a la Constitución: ese gabinete donde están los hermanos Lerdo de Tejada, donde está José María Iglesias, donde está Melchor Ocampo, donde está Guillermo Prieto, donde está *El Nigromante*, además de toda esa pléyade de periodistas, escritores que lo rodean; sólo así entiendes la importancia y la grandeza de esa generación. Antonio Caso lo dijo: «Eran hombres que parecían gigantes».

FRANCISCO:

Es una generación de mexicanos...

BENITO:

... excepcionales. Y sólo podían haber estado alrededor de una figura tan fuerte como Juárez. Yo creo que es una de sus grandes virtudes, reunir a su alrededor a los mejores de su época.

FRANCISCO:

Pero fíjate que podías tú decir...

BENITO:

Pléyade de genios y de patriotas.

FRANCISCO:

... «como era un hombre pequeñito, zapoteca, acomplejado, nunca iba a permitir que a su lado brillara alguien más que él», porque los propios complejos te invitan a eso. Y él dice: «no».

ALEJANDRO:

Porque no era acomplejado. Yo sostengo eso. Insisto, otra vez, él nunca se vio como «yo soy el pobre indito, quiéranme tantito, procúrenme un poco»; cero, no, él decía: «Yo soy un ciudadano como tú y punto».

EUGENIO:

Y un dato importante es que nunca dejó de ser presidente. Es presidente durante la Guerra de Reforma, es presidente durante el Imperio de Maximiliano, y es presidente durante la República Restaurada.

ALEJANDRO:

Son catorce años ininterrumpidos, porque incluso él prorroga su mandato en el 65. Y ahí es también cómo hace de la ley... Eso es muy hábil de Juárez, porque la extiende tanto como es posible sin romperla. Siempre es legalista, siempre está dentro del marco legal, pero también sabe, eso es algo muy mexicano y lo hemos visto en el siglo XX, sabe cómo darle un poco la vuelta sin romper la ley.

FRANCISCO:

Pero hay que irnos para atrás porque nos brincamos un episodio fundamental que es la expedición de las Leyes de Reforma en 1859. En plena guerra, y ahí es donde él declara la expropiación de los bienes del clero, entre otras...

EUGENIO:

... la supresión de los fueros.

ALEJANDRO:

Pero hay que insistir, porque Juárez aparece siempre como si fuera un ser antirreligioso: ya se le había dado la oportunidad al clero de desamortizar, es decir, de poner a la venta sus propiedades, y que ellos se quedaran con el usufructo de esa venta. O sea, la Iglesia todavía podía haber ganado algo bajo la célebre máxima «de lo perdido lo que aparezca», pero la Iglesia se emperró, y se empeñó en el «no» a todo. Estalla la guerra y entonces los liberales, encabezados por Juárez desde Veracruz, deciden que hay que quitarle todo a la Iglesia y devolverla exclusivamente a su esfera espiritual.

EUGENIO:

Y los argumentos de la Iglesia eran de lo más peregrinos, decían: «No podemos permitir la desamortización porque son bienes de Dios».

ALEJANDRO:

Aquí yo sí creo que fue una jugada maestra de Juárez, pero el error fue aplicar la ley en un momento desesperado para el gobierno liberal: necesitaba recursos económicos y materiales, así que entra en vigor en plena guerra contra los conservadores. La venta de las propiedades de la Iglesia favorecerá la construcción del latifundio, que luego se consolidará en el Porfiriato. O sea, quienes tenían lana en ese momento son los que pudieron comprar las propiedades de la Iglesia.

FRANCISCO:

Pero tampoco había otra manera de resolverlo. Financieramente fue un golpe mortal para la Iglesia, porque daba en garantía sus bienes para poder financiar la guerra; es una guerra que se financia con las limosnas pagadas por el pueblo de México.

EUGENIO:

Y era la institución financiera más importante del país desde la Colonia.

FRANCISCO:

Pero imagínate para un banco extranjero: la Iglesia da sus bienes en garantía, y Juárez dice: «Son propiedad de la nación, y si ganamos la guerra esos bienes nunca pasarán a ser propiedad de los bancos extranjeros». Le dio en la columna vertebral al proyecto financiero de la Guerra de Reforma. Y ahí fue donde él es el gran vencedor, y después con el Tratado McLane-Ocampo. Pero lo importante es también ver cómo al haber expropiado los bienes del clero, le pavimenta después el camino —no sé si estén de acuerdo— a Porfirio Díaz, porque Porfirio Díaz ya no tiene que lidiar con los bienes de manos muertas.

ALEJANDRO:

Pero hablemos del Tratado McLane-Ocampo, con el que los detractores de Juárez lo acusan de traidor a la patria: ese tratado donde México cedía a perpetuidad el istmo de Tehuantepec, con la posibilidad de que tropas norteamericanas intervinieran en cualquier momento en esa zona, y otro paso en el norte del país. A mí me parece —y yo coincido con el historiador José Fuentes Mares, que dijo que Dios era juarista— que le salió muy bien todo el asunto. Los norteamericanos te daban armas y recursos económicos, es decir, apoyo militar para derrotar a los conservadores, a cambio de que tú como gobierno firmaras ese paso a perpetuidad, y se firmó. Yo creo que Juárez ha de haber sudado en un momento dado, aunque hay quienes dicen que lo calculó perfectamente, y como ya se venía la guerra de Secesión, entonces el gobierno de Estados Unidos no lo iba a reconocer. Estados Unidos no ratificó el tratado, sí prestó su ayuda, pero el tratado no se ratificó, y Juárez salió bien librado; pero estuvimos así de que en vez de que hubiera un canal de Panamá, tuviéramos un canal de Tehuantepec.

EUGENIO:

Pero también las dificultades técnicas para construir ahí un canal eran mucho más complejas que las del de Panamá.

ALEJANDRO:

Claro, aunque Porfirio Díaz lo logró hacer a través del ferrocarril en 1907. Pero yo sí creo que un político sin suerte no es político, y Dios era juarista.

FRANCISCO:

Pero cuando dicen que Juárez vendió territorio nacional...

ALEJANDRO:

Ahí sí no.

FRANCISCO:

… yo les pregunto, a ver, dime, un milímetro cuadrado.

EUGENIO:

Eso es una falacia.

ALEJANDRO:

Aquí le salió bien la jugada.

FRANCISCO:

Hay otro punto importante aquí. Ahí tienes el Trata-do McLane-Ocampo pero por otro lado está el Tratado Mon-Almonte, que es el que hacen los conservadores; los conservadores habían logrado el apoyo militar español, que se contrapone después al apoyo militar norteame-ricano, que se da gracias al Tratado McLane-Ocampo.

ALEJANDRO:

A lo que voy, Francisco, es que ninguno de los dos fue una causa santa, es decir, cada quien hizo lo posible para ganarle al otro; Juárez apostó el territorio y ganó, le salió bien esa apuesta. Los conservadores apostaron a los españoles para ganarle a los liberales y perdieron, y parte de esa deuda que se acumula con el Mon-Almonte va a venir a ser como una de las justificaciones para la intervención francesa.

EUGENIO:

Se dice que era muy buen jugador de póquer y eso lo aprendió en Nueva Orleans, y con esta cara de piedra, hierática…

ALEJANDRO:

… tenía permanentemente cara de póquer.

EUGENIO:

… no podía perder.

BENITO:

Veámoslo en perspectiva. Diez años con todo en contra: guerra contra los conservadores, guerra contra el clero, guerra contra el imperio más importante del mundo, contra los franceses; la República itinerante; él, con el tesoro de la nación —que eso es precioso—, avanzando hacia Paso del Norte, intentando no ser capturado por un montón de gente que además quería ese tesoro, que no era tal, era el Archivo General de la Nación…

FRANCISCO:

La República iba en su carreta.

BENITO:

Me parece una gesta heroica. Recomendamos un libro: *Juárez, el rostro de piedra*, de nuestro amigo Eduardo Antonio Parra. Una gran novela que cuenta las intimidades, que traspasa el rostro de piedra y que cuenta a ese Juárez del cual todos nosotros estamos tan orgullosos.

ALEJANDRO:

Ahora, el problema con la historia oficial es que, cuando tú veías a ese Juárez en la carreta, cruzando el desierto, se bajaba del carruaje, levita negra perfecta, puesto el saco, sin una gota de sudor, yo me imagino… Es que ahí es donde nos empezaron a desdibujar a Juárez. Sufría y lloraba. Llora cuando lee la correspondencia, cuando Margarita le dice de la muerte de sus dos hijos…

FRANCISCO:

En Estados Unidos. Se mueren de hambre los niños.

ALEJANDRO:

... y no tienen recursos para las enfermedades que los asolan allá. Esta idea de que Juárez, antes de decir algo, siempre volteaba al horizonte, como hablando para la posteridad... No, era un ser humano.

FRANCISCO:

¿Qué tal las dimensiones de Juárez cuando manda fusilar a Maximiliano? Ahí también...

EUGENIO:

... es de una firmeza...

FRANCISCO:

Es su consagración, se puede decir la palabra, como estadista.

EUGENIO:

No se deja amedrentar ni sobornar por nadie.

ALEJANDRO:

Pero yo creo que ahí tiene que ver lo que hablábamos hace rato, la generación que lo rodeó. Porque según lo que cuentan, Juárez sí llegó a dudar y Sebastián Lerdo de Tejada es quien lo persuade de que no flaquee. Obviamente es un gobierno, no puedes hablar de que una sola persona tenía que decidir todo, y las implicaciones políticas de fusilar a un archiduque austriaco iban a ser muy grandes; yo creo que Juárez se fajó y siguió adelante, pero también apoyado por estos hombres que lo habían seguido. Un Lerdo de Tejada que era duro como un perro, valga la expresión.

BENITO:

Juárez pudo haberle tenido mucha simpatía a Maximiliano porque en el fondo Maximiliano era un liberal, y sin embargo él sabía que era un invasor extranjero. Dejémonos de cosas, ahí está el tema.

ALEJANDRO:

Sí, era güerito; sí, muy liberal, ratificó las Leyes de Reforma, lo que quieras era Maximiliano, pero era un...

BENITO:

Cazaba maripositas.

ALEJANDRO:

... usurpador, había venido con bayonetas extranjeras a derramar sangre mexicana, tenía que morir.

BENITO:

Habría que reabrir el Cerro de las Campanas.

FRANCISCO:

Yo que Juárez, al estilo de la Inquisición, lo mando fusilar, y después quemo sus cenizas.

EUGENIO:

Y luego vuelves a quemar sus cenizas para hacer unos tamales horneados.

ALEJANDRO:

Y te haces pipí en ellas.

FRANCISCO:

Bueno, yo brindo por Juárez.

BENITO:

Yo también.

FRANCISCO:

El Padre de la Patria.

BENITO:

Sin duda, necesitamos muchos Juárez.

3

PELAGIO ANTONIO DE LABASTIDA Y DÁVALOS

ଞୠ

Durante el siglo XIX la Iglesia fue pieza clave en el desarrollo de la política mexicana: llegó a poseer un quinto de la riqueza nacional; tenía propiedades y capitales para dar y regalar; estaba inmiscuida en todos los asuntos públicos y privados de los mexicanos y su influencia en los gobiernos fue determinante. Gozaba de fueros y privilegios y se puso en pie de guerra contra los liberales. Uno de sus personajes más importantes fue Pelagio Antonio de Labastida y Dávalos, arzobispo de México, quien intentó por todos los medios que el proyecto conservador triunfara: apoyó el establecimiento del Imperio de Maximiliano, intentó echar para atrás las Leyes de Reforma y, a pesar de la derrota de los conservadores, se acomodó bien dentro del Porfiriato.

FRANCISCO:

Es conveniente que en esta conjura y en este momento que nadie nos escucha, recordemos el papel de otro significativo arzobispo, primate... primado de México, perdón por el lapsus...

EUGENIO:

El papel siniestro.

FRANCISCO:

... que tuvo un desempeño significativo a lo largo de la segunda mitad del siglo XIX mexicano junto con Matías Monteagudo; Pelagio Antonio de Labastida y Dávalos, y el arzobispo Mora...

EUGENIO:

... y Haro y Tamariz.

FRANCISCO:

... bueno, Mora ya es en el siglo XX; es un triunvirato muy importante. Pero aquí, si les parece, hablemos de Labastida.

ALEJANDRO:

Son como demonios, o al menos los tratamos como demonios, pero al final se salieron con la suya.

FRANCISCO:

Sí. Sí, se salieron con la suya.

ALEJANDRO:

Es de ese tipo de personajes que hacían, movían, intrigaban y su final siempre era feliz.

EUGENIO:

Son camaleónicos, tienen un sentido mimético muy asombroso.

ALEJANDRO:

Porque además finalmente lo que buscan es que la Iglesia conserve...

BENITO:

... conserve sus privilegios.

ALEJANDRO:

Y en todos los casos los conservaron.

FRANCISCO:

Al final lo lograron.

ALEJANDRO:

Cuando hablamos de la guerra cristera, con...

FRANCISCO:

Con Mora.

ALEJANDRO:

... con Mora, al final el clero conservó sus privilegios y quien se jodió fue el pueblo.

EUGENIO:

Y siempre es así.

BENITO:

Siempre.

ALEJANDRO:

Con Pelagio lo vamos a ver en unos momentos, y con Monteagudo igual.

BENITO:

Recuerden ese nombre: Labastida y Dávalos. Uno de los grandes traidores...

FRANCISCO:

... a la patria.

BENITO:

... a la patria, sin lugar a dudas.

ALEJANDRO:

¡Que se pudra en el infierno!

FRANCISCO:

¿Cuál infierno? ¡Ojalá hubiera infierno!

FRANCISCO:

No sé si ustedes estén de acuerdo conmigo, pero yo voy a poner un argumento sobre la mesa: el brazo militar del clero católico en la primera mitad del siglo XIX en México se llamaba Antonio López de Santa Anna.

EUGENIO:

En alguna forma sí.

FRANCISCO:

Después tuvo otro brazo militar, en el siglo XX, que fue Victoriano Huerta. Como ustedes ven, el clero católico siempre estuvo aliado con las peores causas de este país.

EUGENIO:

Porque es un clero podrido, Francisco.

FRANCISCO:

Es un clero que se opone a la Constitución del 57. Es un clero que se opone a la Constitución del 17.

BENITO:

A todas las constituciones.

ALEJANDRO:

Pero finalmente es una clase; es un factor de poder dentro del Estado.

FRANCISCO:

Es un Estado dentro del Estado.

BENITO:

Los llamados poderes fácticos.

ALEJANDRO:

Lo deleznable no es tanto que defendieran su posición, nadie puede imaginar que la Iglesia iba a decir: «Sí, quítenme todo, fueros, privilegios, mis propiedades, declaren la libertad de cultos, que al fin yo regreso a la esfera espiritual». Lo deleznable es que se valieron de todo para conservar su estatus.

EUGENIO:

Es que, fíjate, son católicos y no cristianos.

ALEJANDRO:

Yo creo que lo terrible de esa historia no es que hayan defendido sus intereses, porque también hubo conservadores muy honorables que defendieron sus ideas y sus principios; sí, aunque me hagan caras...

EUGENIO:

No, no te hacemos caras, estoy de acuerdo contigo.

ALEJANDRO:

... se tiene que reconocer que en el enemigo también había gente honorable.

EUGENIO:

Riaño, por ejemplo, el intendente de Guanajuato en tiempos de la Independencia, fue un hombre honesto, honorable.

ALEJANDRO:

¿Quién?

EUGENIO:

Juan Antonio Riaño.

ALEJANDRO:

O personajes como Tomás Mejía y Miguel Miramón, para mí son dignos de admiración porque se murieron defendiendo sus ideales y sus principios.

EUGENIO:

El mismo Zuloaga.

BENITO:

Estás hablando de esos dos traidores a la patria, ¿no?

EUGENIO:

Son traidores congruentes.

BENITO:

¡No, hombre! Los traidores no pueden... *Okey*, va.

ALEJANDRO:

Eso lo podemos debatir en otro tema. La Iglesia cumplía con oponerse a todo eso, el problema es, exactamente, la alianza con este tipo de causas que perjudicaron a la patria: la intervención norteamericana, la intervención francesa, Huerta...

EUGENIO:

... el Imperio de Maximiliano...

ALEJANDRO:

... sumarse a causas que degradaban a México; ¡ahí sí! Sean sacerdotes o no, son reprobables por donde le veas.

BENITO:

En este caso, curiosamente era un sacerdote, y curiosamente era arzobispo...

ALEJANDRO:

No te conocía sarcástico, Benito.

FRANCISCO:

Es que hay que ver qué caterva de sujetos; hay que pensar en Francisco Pablo Vizcaíno, que fue obispo de Puebla, llega a un acuerdo con el ejército de Winfield Scott, cuando México estaba siendo invadido en el 47...

BENITO:

... y lo reciben con campanas al vuelo, es vergonzoso.

FRANCISCO:

Pero además, el pueblo y las mujeres les tiraban claveles a los gringos invasores.

EUGENIO:

Pero es que mira, la Iglesia católica no tiene patria, es apátrida, igual los curas franceses, durante la ocupación nazi, colaboraron con los nazis.

BENITO:

No todos.

ALEJANDRO:

Esa es la otra: una cosa es el clero este, podrido, la alta jerarquía de la Iglesia...

BENITO:

Y otra...

ALEJANDRO:

... y otra los sacerdotes que se la rifan, los de a pie...

EUGENIO:

... defendiendo a sus feligreses.

FRANCISCO:

Esos son dignos de todo respeto.

ALEJANDRO:

... los que se la rifan día con día; un Samuel Ruiz...

EUGENIO:

Por ejemplo.

BENITO:

... el padre Solalinde...

ALEJANDRO:

... Hidalgo...

FRANCISCO:

... Morelos, Matamoros...

ALEJANDRO:

Que verdaderamente estaban casados con el asunto de la doctrina.

FRANCISCO:

Hoy en día ves sacerdotes que... yo conozco a un par de ellos...

BENITO:

Yo también.

FRANCISCO:

... que trabajan en las zonas más paupérrimas de la sierra de Puebla, o de la sierra de Guerrero, con unas sandalias y una sotana; es todo lo que tienen. Vamos con Labastida.

ALEJANDRO:

¿Por qué elegimos a este personaje?

FRANCISCO:

Porque tuvo una influencia determinante en la historia de México en la segunda mitad del siglo XIX, y te voy a decir: al igual que muchos de los conspiradores en casa no conocen el protagonismo de Matías Monteagudo como uno de los padres de la Independencia de México...

BENITO:

... del cual yo reniego.

FRANCISCO:

... tampoco se conoce el papel que desempeñó Pelagio Antonio de Labastida y Dávalos a lo largo de la segunda mitad del siglo XIX. Por eso es muy importante que se recuerden varias cosas, por ejemplo, él fue uno de los hombres que trajeron de nueva cuenta a Santa Anna después de que pierde la guerra en contra de Estados Unidos: Labastida y Dávalos, a través del padre Miranda, va por él a Colombia. Miranda trae a Santa Anna otra vez a este país, en el año 53, después de que en el 48 se firmó ese oprobioso Tratado de Guadalupe-Hidalgo, traen a Santa Anna otra vez; lo trae Labastida a través del padre Miranda.

EUGENIO:

¿Y por qué lo trae? Porque con un traidor de esa naturaleza, de ese tamaño, ellos podían manejar los intereses del clero como se les daba la gana.

FRANCISCO:

¡Claro! Si Santa Anna fue el brazo armado de ellos.

ALEJANDRO:

Pero ahí todavía siguen siendo coherentes.

EUGENIO:

Sí, hay coherencia.

ALEJANDRO:

Es decir, lo importante es rescatar cómo se mueven estos personajes, que al final, gane quien gane o pierda quien pierda, ellos nunca pierden. Quizás de repente se van al exilio, como va a suceder con Pelagio Antonio de Labastida y Dávalos...

BENITO:

Gracias a Juárez.

ALEJANDRO:

... pero luego regresan, y ahí están, porque terminan manteniendo el *statu quo* de lo que era el clero en ese momento. Además, por ejemplo, Pelagio Antonio de Labastida y Dávalos es de Zamora, si no mal recuerdo.

EUGENIO:

Sí, de Zamora, Michoacán.

ALEJANDRO:

Él tiene una estrecha relación con este otro obispo, súper conservador, deleznable, que tuvo un gran duelo intelectual y una gran polémica con Melchor Ocampo, que es Clemente de Jesús Munguía...

FRANCISCO:

¡Ah, claro!

ALEJANDRO:

Era como su padrino.

FRANCISCO:

Que también era michoacano.

ALEJANDRO:

Entonces tenemos a un Labastida y Dávalos que sale al exilio por 1856, también por problemas con los propios conservadores.

FRANCISCO:

Porque Pelagio Antonio había financiado un movimiento que operaba en contra de Juan Álvarez y del Plan de Ayutla: él financió con dinero del clero poblano este movimiento para que no tuviera éxito el Plan de Ayutla, que es el que finalmente trae como consecuencia que llegue Juárez, que llegue Ocampo, que estaban refugiados en Estados Unidos. Afortunadamente triunfa el Plan de Ayutla, pero cuando Juan Álvarez nombra a Comonfort como encargado del despacho o presidente de la República, y Comonfort empieza a dictar medidas anticlericales, es cuando decreta que se largue; en primer lugar lo apresa, a Labastida y Dávalos, después lo larga a Roma.

ALEJANDRO:

Es importante decirlo, porque es 1856, ya había triunfado el liberalismo en términos de derrotar a Santa Anna, quien está en el exilio, y ese año se levantan varios conservadores en Puebla al grito de «Religión y fueros».

EUGENIO:

Es la rebelión de Haro y Tamariz.

ALEJANDRO:

Además, donde se ven involucrados Miramón y todo ese tipo de personajes; son derrotados y entonces Comonfort le aplica la de «Te largas del país».

BENITO:

Del cual estabas hablando bien hace un rato, de Miramón.

ALEJANDRO:

Miramón defendía sus principios conservadores.

EUGENIO:

Pero a Labastida le demuestran que él financia este movimiento con dinero del clero, y por eso lo expulsan del país.

BENITO:

Y aprovechando que está fuera del país interviene en Trieste para que Maximiliano...

FRANCISCO:

... pero a través del Papa. Cuando él se va a Roma, no se va como exiliado a cantar la misa y a la reflexión y a la meditación: se va para confabular en contra de los intereses liberales a través del papa Pío IX.

ALEJANDRO:

Pero yo creo que él lo pone al tanto de lo que está sucediendo, porque acuérdense de que el Papa excomulga a todos aquellos que juren la Constitución del 57. Por eso mete en un brete a México: porque tú, como funcionario público, en el momento en que aceptas trabajar para la administración pública, estás jurando la Constitución. El punto más grave fue la excomunión sobre los que juraban la Constitución, porque obviamente el ejército, que jura salvaguardar la Constitución y sus instituciones, pues obviamente...

EUGENIO:

Irían todos al infierno.

ALEJANDRO:

Exactamente, pero además imagínate en ese momento, un momento que sigue siendo muy religioso; si ahorita me excomulgaran, me vale una pura y dos con sal, pero para la gente de mediados del siglo XIX era verdaderamente algo abominable, la condena eterna.

FRANCISCO:

Ahora, hay que ver quién es el que influye en la cabeza de Pío IX para excomulgar a todos los mexicanos que juraran la Constitución de 1857. ¿Quién? Pelagio Antonio de Labastida. O sea, si el Papa impone la excomunión a quien hubiera jurado la Constitución del 57, es precisamente por influencia de Pelagio Antonio de Labastida y Dávalos.

EUGENIO:

Que por entonces era obispo de Tlaxcala, si no me equivoco.

FRANCISCO:

No, no.

BENITO:

Arzobispo de Michoacán, ¿no?

FRANCISCO:

De Puebla. Hay que ver entonces el papel que desempeña Pelagio Antonio de Labastida y Dávalos en Roma. Cuando Comonfort cree que el problema se va a solucionar desde el momento en que expulsa del país a Labastida, se equivoca, porque deja aquí a un hombre crucial que llegó a gobernar este país, que es el padre Miranda: Francisco Javier Miranda. Hay que recordar el papel de Miranda, porque jugó un papel muy protagónico.

EUGENIO:

Pero era todo un grupo: estaban Zuloaga, Miramón, Juan Nepomuceno Almonte.

ALEJANDRO:

Hay muchos hombres políticos, hay militares, pero el poder que tiene un arzobispo es inmenso... no solamente en México sino con el Papa. Labastida le hablaba al oído al Papa; tanto, que fue nombrado arzobispo de México y regresa al país en 1863, cuando los franceses ocuparon la Ciudad de México, en el mes de junio.

FRANCISCO:

Por eso es tan importante ver, en esta primera fase —ya analizaremos la segunda fase de la vida de Labastida en Roma— la influencia determinante que ejerció para que Maximiliano llegara a México desde Europa. Si ustedes, conspiradores en casa, piensan remotamente que Labastida se quedó en Roma cantando la misa y hundido en la meditación, se equivocan: lo que estaba planeando era la llegada de Maximiliano a México, lo cual logró con mucho éxito. Si les parece, brindo por el liberalismo mexicano.

FRANCISCO:

Es importante destacar cómo llegó Pelagio Antonio de Labastida y Dávalos a ser nombrado arzobispo, gracias a que mandaba cantidades tremendas de dinero a Roma, para influir. Es una costumbre importante del alto clero mexicano mandar cantidades enormes de recursos a Roma: entonces, logra que lo nombren arzobispo. Financia todo un movimiento en contra del Plan de Ayutla, y después, cuando lo expulsan del país, empieza toda su conjura en Roma.

EUGENIO:

¿Es arzobispo primado, ya?

ALEJANDRO:

No, todavía no.

FRANCISCO:

Esta conjura es importante porque logra convencer al papa Pío IX de la importancia de atacar, a como diera lugar, con todo el poder de la Iglesia católica, al movimiento liberal mexicano; logra, finalmente, junto con otros archisúper conservadores, entre ellos Juan Nepomuceno, que fue el...

EUGENIO:
... Juan Nepomuceno Almonte.

BENITO:
Otro traidor.

EUGENIO:
Otro traidor asqueroso.

FRANCISCO:
Otro traidor, hijo nada menos que de José María Morelos y Pavón; yo creo que Morelos se debió de haber retorcido en su tumba cuarenta veces. Ellos logran que venga Maximiliano a México, a gobernar. No perdió el tiempo Labastida en Roma.

ALEJANDRO:
Lo que comentábamos al principio: Labastida siempre cae de pie. Resulta que lo expulsan de México, se va a Europa, conspira, es intervencionista, trae a Maximiliano y llega a México como arzobispo; ya en 1863 es parte de la junta de notables, o la regencia que espera a Maximiliano.

BENITO:
El triunvirato, ¿no?

FRANCISCO:
De hecho fue «presidente de México», si quieres ponerlo entre comillas.

ALEJANDRO:

En esa regencia, que era un triunvirato; pero sale expulsado porque los franceses ratifican las Leyes de Reforma, y luego lo hace el propio Maximiliano.

FRANCISCO:

Y es cuando protesta Labastida de una manera tremenda...

EUGENIO:

Virulenta.

FRANCISCO:

... «Ustedes los franceses son unos traidores, porque nos aseguraron que darían marcha atrás a las Leyes de Reforma», y Maximiliano es el primero en ratificarlas: «Me parece muy bien la separación entre la Iglesia y el Estado, me parecen muy bien las Leyes de Reforma», y Labastida siente que se sale de la piel.

ALEJANDRO:

Se sale de la piel, pero de todas maneras ya no puede hacer nada, y se queda en México hasta que triunfa la República. Y es cuando se va al exilio en 1867.

FRANCISCO:

Otra vez, cuando fusilan a Maximiliano.

EUGENIO:

Sí, al triunfo de la República Restaurada. Pero la respuesta de por qué siempre cae de pie es porque el tipo también se la jugaba, el tipo protestaba; publicaba artículos en *El Heraldo*; era un tipo que combatía. No cae de pie por la gracia de Dios.

ALEJANDRO:

Cae el Imperio, fusilan a Maximiliano, Miramón, Mejía, Méndez, hay muchos muertos; del lado republicano mueren Arteaga, Salazar, muchos generales; se restaura la República, y entonces Juárez le permite regresar...

EUGENIO:

En 1871 lo deja regresar.

ALEJANDRO:

... en 1871 le permite regresar, como arzobispo, además; obviamente Juárez no podía impedir que regresara como arzobispo. Pero es arzobispo, y entonces...

EUGENIO:

Ahí es más congruente Pelagio que el propio Juárez: cómo vuelve a traer a un cura de porquería de regreso.

BENITO:

No, Juárez, con la lógica republicana, estaba recibiendo al «líder» de...

EUGENIO:

... de la oposición.

ALEJANDRO:

Juárez no era antirreligioso; finalmente, era una figura de la Iglesia. Por bueno o malo que haya sido, yo creo que Juárez dijo: «Esto vive en México, este tipo de seres, y la gente cree en ese tipo de seres».

FRANCISCO:

Pero era mucho mejor... Lo decía muy bien *El Padrino*: «Tienes que estar muy cerca de tus amigos, pero mucho más cerca de tus enemigos». Sucede que Juárez muere en el 72, y entonces vuelven a la cargada; Juárez nunca logra elevar, a nivel constitucional, las Leyes de Reforma. ¿Quién es el que lo logra?

ALEJANDRO:
Lerdo.

FRANCISCO:
Lerdo de Tejada es el que lo logra; logra elevar las Leyes de Reforma a la Constitución.

EUGENIO:
En la Constitución del 57, precisamente.

FRANCISCO:
Ahí vemos la llegada de Porfirio Díaz a través del Plan de la Noria, a través del Plan de Tuxtepec, y finalmente, como el gran golpista que fue Díaz, llega al poder en 1876. No por la vía del voto, no por la vía del respeto a la República, sino como un auténtico golpista.

ALEJANDRO:
Acuérdense de que Porfirio Díaz se casa con Delfina en su primer matrimonio, pero es su sobrina carnal: es la hija de su hermana Manuela. Primer grado, o sea...

EUGENIO:
... es un incesto.

ALEJANDRO:
... había un impedimento de consanguinidad que les valió.

FRANCISCO:
Y tuvo hijos con ella.

ALEJANDRO:

Y tuvo hijos. Obviamente no se casaron en 1867 por la Iglesia. En 1880, luego de dar a luz a un bebé que no sobrevivió, Delfina entra en agonía; por el asunto de haberse casado con su tío, ella siempre vivió pensando que Dios los castigaba, y los muchos abortos que tuvo y muertes prematuras de sus hijos se lo confirmaban. Estando en agonía le pidió a Porfirio, como última voluntad, que hiciera lo que fuera necesario para recibir la bendición y no morir en pecado. Entonces Porfirio va a hablar con el arzobispo...

FRANCISCO:

¿Cómo se llamaba?

ALEJANDRO:

Pelagio Antonio de Labastida y Dávalos.

FRANCISCO:

¡Otra vez!

ALEJANDRO:

Pelagio Antonio de Labastida y Dávalos le dice: «Firma tu retractación a la masonería, a tus principios liberales, acepta la religión católica como única, y acepta que no tienes bienes del clero».

FRANCISCO:

Pero lo más importante: Porfirio Díaz había sido excomulgado previamente por haber jurado la Constitución, dos veces. Estaba absolutamente excomulgado, entonces le dice: «Para que yo te pueda levantar la excomunión, tienes que abjurar de la Constitución del 57».

ALEJANDRO:

Era un hombre pragmático.

FRANCISCO:

¡Pragmático! Delfina se fue al cielo y México se fue al diablo.

ALEJANDRO:

¡No lo creo!

FRANCISCO:

¡Cómo no! A partir de ese momento.

ALEJANDRO:

No creo que se haya ido al diablo por Labastida, se fue porque Porfirio Díaz no supo retirarse a tiempo, que esa es otra historia.

FRANCISCO:

¡No! En ese momento lo que tendría que haber hecho un hombre congruente era decir: «Yo no voy a renunciar a mis principios, yo soy un defensor de la República, soy un hombre liberal», y no convertirse en el gran enterrador del liberalismo mexicano como lo fue.

EUGENIO:

Se te está olvidando que Porfirio Díaz...

ALEJANDRO:

Si Beatriz te pidiera lo mismo, ¿qué harías?

FRANCISCO:

¿Yo? A la República.

BENITO:

Yo no me casaría nunca por la Iglesia.

ALEJANDRO:

Pero estos son otros tiempos; por favor, no me rompas la ilusión... Lo poco que creo en el amor; por favor, no me rompas esa ilusión.

FRANCISCO:

Yo le diría: «La patria es primero, Beatriz. Perdóname, te vas a ir al infierno pero voy a salvar a la República».

ALEJANDRO:

Salvarla, ¿de qué?

FRANCISCO:

De los curas, en ese momento empezó la regresión.

ALEJANDRO:

¡No! Pero, a ver...

FRANCISCO:

Te voy a decir una cosa: toda la obra juarista empieza a destruirse a partir de ese momento porque es la regresión, por eso Roeder le dice a Porfirio Díaz: «Usted encarna el enterramiento, la sepultura del liberalismo mexicano del siglo XIX». ¡Ese es el punto! Ahí empieza.

EUGENIO:

Díaz era caudillo por la gracia de Dios, no se les olvide eso.

ALEJANDRO:

Yo creo que hizo lo que tenía que hacer, no afectó realmente...

FRANCISCO:

Sí afectó.

ALEJANDRO:

Lo que sí propuso fue estrechar la relación Iglesia-Estado y ahí empezó la política de conciliación que vino a cerrar Carmelita.

BENITO:

¡No! Carlos Salinas de Gortari.

FRANCISCO:

Regresaron las monjas, regresaron los curas, por la vía de los hechos se le dio marcha atrás a las Leyes de Reforma.

ALEJANDRO:

Lo que yo digo es: ¿por qué no iban a regresar los curas?

FRANCISCO:

Lo que digo... Está bien...

EUGENIO:

Porque son *personas non gratas* en un país laico.

ALEJANDRO:

Tienes un pueblo, una sociedad que es 80% católica...

FRANCISCO:

Alejandro Rosas, ¿con qué te quedas?

ALEJANDRO:

Me quedo con que es una gran historia la de Labastida, y que al final cayó parado: hizo su política de conciliación, fue feliz y murió en su cama.

FRANCISCO:

¿Tú crees que «el que la hace la paga»?

ALEJANDRO:

¡Claro que no! No, no existe la justicia divina.

FRANCISCO:

Entonces, ¿te quedas con qué?

ALEJANDRO:

Me quedo con que hay que seguir recuperando estas historias, que desconocemos a estos personajes que están en un segundo orden, pero que vale la pena recuperarlos porque marcaron su época.

BENITO:

Yo me quedo con que, entre el matrimonio eclesiástico y la República, sin duda con la República.

ALEJANDRO:

¿Ni por amor?

EUGENIO:

Yo me quedo con que es importante, para los conspiradores en casa, conocer a estos personajes para entender los intríngulis de lo que sucedió…

BENITO:

… y de lo que sucede…

EUGENIO:

… y de lo que sucede en la historia mexicana.

FRANCISCO:

Yo me quedo con que no soy absolutamente nadie para

criticar las convicciones espirituales y religiosas de mis semejantes; yo no soy teólogo...

EUGENIO:
No estamos hablando de la fe.

FRANCISCO:
... pero cuando veo la penetración, la participación y el poder de los hombres de la Iglesia católica en México, que no tiene que ver nada con la teología...

EUGENIO:
Ni con la fe ni nada.

FRANCISCO:
... ni con la fe ni con las convicciones espirituales de nadie, tengo que protestar por lo que sucedió en este país, y por la influencia siniestra y macabra del clero católico en la historia de México, con eso me quedo.

BENITO:
¡Por la República!

EUGENIO:
Por el diablo, que me cae muy bien.

4
JOSÉ YVES LIMANTOUR

છ૰

El cerebro financiero del Porfiriato; el hombre que consiguió el primer superávit en la historia de México; la mente que liberó el comercio interior, que atrajo las inversiones extranjeras y que metió de lleno al país en el sendero de la modernidad. ¿Quién fue José Yves Limantour, el preferido de Porfirio Díaz? ¿De dónde surgió? ¿Aspiraba suceder al dictador en algún momento? Limantour fue el primer tecnócrata de la historia nacional, el líder del grupo de los Científicos y el político que pensó seriamente llegar a gobernar el país una vez que Díaz dejara el poder.

FRANCISCO:

Estimados conspiradores, nos tocó el momento de abordar un tema importante en la consolidación del Porfiriato, como lo es el papel que jugó José Yves Limantour en la estructuración financiera, en el equilibro financiero de la dictadura.

ALEJANDRO:

Pepe Limantour para los cuates.

FRANCISCO:

Pepe Limantour.

EUGENIO:

Y con todos sus claroscuros, en alguna forma el cerebro del régimen de Porfirio Díaz.

ALEJANDRO:

Pero yo diría el cerebro financiero, porque Porfirio Díaz dijo: «A ver, yo no me hago cargo de la economía, ahí te la dejo, yo me hago cargo de la política, o sea de gobernar».

BENITO:

Yo siempre he dicho que un secretario de Hacienda es un cómplice. Y es un cómplice de la dictadura; dejémonos de historias, es el cerebro financiero de esa dictadura que hizo cosas muy importantes, muy interesantes, con una visión económica francamente novedosa para su tiempo, y sin embargo era el cerebro de la dictadura.

FRANCISCO:
El cerebro de la dictadura, y logró el equilibrio financiero de la dictadura: o sea, su política financiera, su política bancaria, la reestructuración de la deuda pública, la logró con un gran éxito y le dio estabilidad, y esa estabilidad se tradujo en la consolidación de la tiranía. Entonces, yo creo que sí es un personaje importante. Sí creo en lo que decías, Benito: en realidad el secretario de Hacienda es un cómplice del dictador, o...

BENITO:
... o del Ejecutivo.

FRANCISCO:
... o del Ejecutivo, del presidente, porque —nada más y nada menos— maneja los dineros del gobierno, y puede decir «por aquí, por allá», «Dale a este, quítale a este, recórtale por acá».

EUGENIO:
Por eso Luis Echeverría, en su gobierno, le quitó facultades al secretario de Hacienda y dijo: «La economía del país se hace en mi oficina».

ALEJANDRO:
«Se dirige desde Los Pinos», es la frase correcta.

FRANCISCO:
Las finanzas públicas se manejan desde Los Pinos. Y así nos fue, porque a partir de ese momento empezaron a

manejarlas y quitaron nada menos que a un personaje maravilloso de las finanzas públicas nacionales, que fue Hugo Margáin.

ALEJANDRO:
Pero es que aquí habría que preguntarse si necesitamos realmente un régimen autoritario o una dictadura para que funcione la economía.

FRANCISCO:
No, hombre, no.

BENITO:
No.

ALEJANDRO:
Porque indudablemente, tú puedes odiar al tirano Porfirio Díaz, como le llamas, Paco...

FRANCISCO:
Sí.

ALEJANDRO:
... «¡Que no traigan los restos del tirano!»...

FRANCISCO:
¡Claro que no!

EUGENIO:
... muy bien, pero le funcionó económicamente: no hay cuentas pendientes en el asunto del crecimiento económico, del progreso material, de cómo se refleja todo el éxito económico de la dictadura en eso.

EUGENIO:

Pero con un desbalance, porque había una pobreza terrible.

ALEJANDRO:

Bueno, pero estamos hablando de la frialdad de los números, no de la pobreza ni del 80% de la población que es rural o del analfabetismo. El punto es que igual sucedió con el «milagro mexicano»: es un régimen autoritario, impune, corrupto, y con estos secretarios, igual; Ortiz Mena, si no mal recuerdo, que dura mucho, dos, tres sexenios, pero nuevamente estamos hablando de que son éxitos económicos en condiciones no democráticas; en condiciones no de igualdad, donde se privilegia —como en la época de Salinas— el crecimiento sobre el desarrollo.

EUGENIO:

Y a la oligarquía; se crea una oligarquía muy notoria. En el caso de Porfirio Díaz, quienes van a gobernar el país son una oligarquía, casi monárquica.

FRANCISCO:

Por supuesto que sí. Pero no perdamos de vista que la Guerra de los Pasteles de 1838 se da por un problema financiero; la invasión francesa de 1862 se da por un problema financiero.

EUGENIO:

Es el pretexto que siempre han tenido los gobiernos imperialistas de Europa Central para colonizar, para desestabilizar, para hacer lo que se les da la gana.

FRANCISCO:

Pero ¿qué hace bien Limantour? Porque dentro de ese concepto, él estabiliza las finanzas públicas mexicanas, renegocia la deuda, interna y externa.

BENITO:

Con los ingleses, básicamente.

FRANCISCO:

Pone orden financiero, lo cual le ayuda a concluir una serie de amenazas externas.

EUGENIO:

En ese sentido fue un hombre brillante, un hombre sagaz, muy bien preparado porque tenía estudios tanto en México como en Europa, en asuntos legales y financieros; él era abogado y luego fue financiero.

ALEJANDRO:

¿En qué año nace? ¿Por el sesenta y...?

FRANCISCO:

En cincuenta y tantos.

EUGENIO:

En 1854.

FRANCISCO:

54, sí.

BENITO:

Y es liberal, originalmente.

EUGENIO:

Como todos ellos.

BENITO:

El bando de los Científicos, de los famosos Científicos, que pensaban que la ciencia... O, por lo menos dentro de la política, utilizaban la ciencia como herramienta para...

EUGENIO:

Eso a mí no me molesta, fíjate. Me gusta esa visión.

BENITO:

A mí tampoco. Estoy diciendo que venía de los Científicos.

ALEJANDRO:

Pero te voy a decir una cosa, nada más para aclararlo con nuestros conspiradores en casa: se les llama Científicos, no porque fueran científicos...

BENITO:

No, no, no.

ALEJANDRO:

... los Científicos es este grupo que rodea a Porfirio Díaz, que es parte de la mayoría de su gabinete, donde están Justo Sierra, los hermanos Macedo; donde está Joaquín Casasús; donde está, desde luego, Francisco Bulnes; donde está, desde luego, Limantour...

FRANCISCO:

... Pablo y Miguel Macedo...

ALEJANDRO:

Pablo Macedo, exactamente; en ese grupo estaba Limantour y era, digamos, el jefe. La idea es gobernar a través del positivismo, que había establecido Augusto Comte y que fue la filosofía del régimen porfirista. ¿Cuál era esta? En tres palabras: «orden, paz y progreso». Y les llaman Científicos porque, exactamente, querían enfrentar la vida política y la vida económica como si fuera una ciencia exacta, con resultados palpables, materiales, que no se dejara nada a la especulación; como si la vida del país pudiera convertirse en una ciencia exacta...

BENITO:

Sí, prueba-error...

ALEJANDRO:

... eso es lo que nosotros vamos a aceptar. Por eso, hacia el final del Porfiriato comienza una nueva corriente humanista que llena las aulas, que cuestiona a los Científicos y sus métodos, que pensaban eran infalibles.

EUGENIO:

El libre pensamiento.

ALEJANDRO:

El libre pensamiento sobre filosofía y demás. Eran cosas concretas que dieran resultados tangibles, como la ciencia.

EUGENIO:

Como buenos financieros, acudían a los datos duros para establecer las normas financieras y las políticas financieras del Estado, pero no necesariamente eso funcionaba para una población tan amorfa, con grandes...

BENITO:

... desigualdades...

EUGENIO:

... altibajos y desigualdades; porque coincide con este pensamiento «científico» la *casta divina* de Yucatán, y en aquella época va a aparecer el libro de Turner, *México bárbaro*...

BENITO:

John Kenneth Turner. Después, ¿no?

EUGENIO:

Un poco después, sí, pero digamos que esa *casta divina* que retrata Turner en *México bárbaro* era la que gobernaba Yucatán en ese momento.

BENITO:

Hay que pensar que Limantour era un burgués, hijo de franceses, nacido en México; tenían dinero, porque provenía de la especulación de tierras en Baja California, y de la venta de armas.

ALEJANDRO:

Durante la intervención francesa el papá hizo negocios.

FRANCISCO:

Yo creo que habría que cuestionarse… A mí me da coraje que un hombre, como tú bien decías, un liberal, también haya traicionado el liberalismo y le haya servido a la tiranía. No podemos perder de vista que Porfirio Díaz es un golpista, que derroca al gobierno de Lerdo de Tejada; está harto de la reelección y dice: «Ya, acabemos con las reelecciones en México», y resulta que se reelige de 1876 a 1910. Trabajar con un tirano siempre me parece que es…

BENITO:

Te duele un poco.

EUGENIO:

Recuerda que así como hay bolsa de valores, hay una bolsa de conciencias que están a la venta: opera en todos los regímenes.

ALEJANDRO:

Discúlpame, pero la dictadura porfirista se inserta en lo que existía en el mundo entonces, o lo que era la moda;

era un régimen normal en el mundo. La autocracia o el autoritarismo, al nivel de lo que estaba sucediendo en Europa todavía con las últimas grandes monarquías.

FRANCISCO:
Está bien. Pero el móvil de Porfirio Díaz era la «no reelección», y se reelige, es un cínico...

BENITO:
Siete veces.

ALEJANDRO:
Claro, yo a lo que voy es que todavía Limantour se sube a un régimen donde toda esa cúpula cree que está haciendo lo correcto.

EUGENIO:
Se sube al ferrocarril, Alejandro, literalmente.

ALEJANDRO:
Hay una frase de Francisco Bulnes que dice: «El buen dictador —imagínate, así lo catalogaban en ese momento—, el buen dictador es un animal tan raro que tenemos que procurar todos los medios para preservarle la vida». Era como: «Lo está haciendo bien, es un dictador, sí, pero es una dictablanda».

BENITO:
Pero sabes que eso es un suerte de broma contra Rousseau y el «buen salvaje»; está, yo creo, haciendo ese juego entre el «buen salvaje» de Rousseau, comparándolo con un buen dictador. No hay buenos dictadores.

EUGENIO:
No, claro, completamente de acuerdo.

FRANCISCO:

Por supuesto que no.

EUGENIO:

Por más que Porfirio Díaz tenía un sentido paternalista profundísimo; él gobernó el país como si fuera el papá de los mexicanos.

BENITO:

Limantour, lo que es cierto es que no se metió en política. Quiero decir, a partir del triunfo de Díaz...

EUGENIO:

Al final sí.

BENITO:

Bueno, al final. ¿Cuántos años fue secretario de Hacienda?

EUGENIO:

Diez años.

ALEJANDRO:

No, más, desde 1893...

FRANCISCO:

89, ¿no?

ALEJANDRO:

Como veinte.

BENITO:

Como unos dieciséis, diecisiete años.

EUGENIO:

Sí, exactamente.

BENITO:

Y termina con las alcabalas.

ALEJANDRO:

Eso es muy importante: las alcabalas eran esos impuestos donde tú, por llevar tus camotes de Puebla a la Ciudad de México, tenías que pagar un impuesto a cada uno de los estados por donde pasara tu mercancía.

BENITO:

Imagínate si traías desde Mérida algo.

ALEJANDRO:

Entonces lo que hace Limantour es quitar las alcabalas y ya puedes llevar tus productos de Sonora a Yucatán.

BENITO:

Pero genera las aduanas, simultáneamente...

ALEJANDRO:

... las aduanas, pero externas.

BENITO:

Las externas.

FRANCISCO:

Y se logra de esta manera un comercio interior muy rico, porque imagínate antes lo que era ir de alcabala en alcabala, pagando impuesto tras impuesto; ahora, cuando ya se establece la libertad de tránsito de todas las mercancías...

EUGENIO:

Eso fue muy importante.

FRANCISCO:

Fue una oxigenación brutal para el país.

EUGENIO:

Y además los precios se estabilizaron y se fueron a la baja.

BENITO:

Se atreven a hacer algo, que es el ferrocarril, y atreverse quiere decir... Las vías de comunicación del país eran caminos rurales, desprotegidos, agrestes...

EUGENIO:

Algo se había hecho del ferrocarril en la época de Maximiliano y luego con Juárez.

ALEJANDRO:

Nada, nada, había entre seiscientos y ochocientos kilómetros de vías férreas cuando Porfirio Díaz toma el poder.

BENITO:

¿Y acaba con cuántos? ¿Te sabes el dato?

FRANCISCO:

Veinte mil kilómetros, esa es una obra... Ahí sí, para que veas, es incuestionable...

BENITO:

... incuestionable...

FRANCISCO:

... el éxito de Porfirio Díaz.

EUGENIO:

Porque uno de los problemas más apremiantes que ha tenido este país es la falta de comunicación.

FRANCISCO:

Y jugó un papel muy importante José Limantour en la creación de este sistema ferroviario mexicano.

EUGENIO:

Y estaba yo recordando que antes de ser el secretario de Hacienda, estuvo metido en muchos problemas acuíferos de México...

FRANCISCO:

También fue director de Aguas...

EUGENIO:

... y de Saneamiento, porque en esa época las inundaciones en la Ciudad de México eran terribles.

FRANCISCO:

Si quieres ahí lo dejamos, en las inundaciones, para que no se ahoguen.

ALEJANDRO:

Yo quisiera regresar con varios puntos. El primero es que Porfirio Díaz toma el poder en 1876, y establece las bases de disciplina que luego le entregará a Limantour, porque como bien decías, Paco, al principio, es Porfirio Díaz desde su primer gobierno quien dice: «A ver, vamos a poner en orden la casa y vamos a comprometernos —que creo que esa es una cosa muy importante— con nuestra deuda externa, con Estados Unidos y con los demás países». Entonces el primer cuatrienio, que es de 1876 a 1880, Porfirio Díaz lo gasta en eso: «Miren, vamos a pagar puntualmente la deuda, vamos a sanear la economía aquí en México», y además algo muy importante, para él la función primera era la pacificación del país. Ya cuando llega Limantour, que ya está metido en el gobierno, a ocupar la Secretaría de

Hacienda, que es hasta 1893, ya el país está absolutamente pacificado, o sea ya no hay nada de que me van a robar el cable del telégrafo, o van a levantar los durmientes y los rieles... Creo que esa es la gran labor, y además ya había habido una disciplina fiscal, con la deuda externa.

FRANCISCO:

Y hay que ver que llega al poder cuando la dictadura ya llevaba diecisiete años: diecisiete años de dictadura, y ahí es donde entra Limantour. Entra con una gran imaginación financiera...

EUGENIO:

... además, con los brazos abiertos a las inversiones extranjeras, por eso se desarrolla mucho la industria.

FRANCISCO:

Pero fíjate, cuando los gringos nos robaron la mitad del país, en 1848, nos dejaron la parte más accidentada geográficamente...

EUGENIO:

Sí, la más difícil.

FRANCISCO:

... porque si tú comparas las grandes planicies tejanas, o las grandes planicies de Nuevo México...

EUGENIO:

... de Arizona.

FRANCISCO:

... y de California. Bueno, California que tenga sus... A nosotros nos quedó un... No tenemos un río como el Mississippi, que era una arteria fluvial.

BENITO:

Bueno, no lo teníamos fluvial.

FRANCISCO:

Lo que te quiero decir es: ¡qué dificultad comunicar este país!

EUGENIO:

No había navegación fluvial.

BENITO:

Y además la Sierra Madre Oriental, la Sierra Madre Occidental, la Sierra Central.

FRANCISCO:

Era un conflicto comunicar a este país, es, sigue siendo conflicto: para mí sí, por más que me choque, se lo tengo que reconocer a Porfirio Díaz, se apuntó un éxito sensacional con el ferrocarril.

BENITO:

Es el triunfo de la modernidad.

EUGENIO:

Y da la imagen de progreso.

ALEJANDRO:

Ese creo que es el punto fundamental para tratar de entender, desde la perspectiva económica, el régimen porfirista: la modernidad. Es la primera vez... Sólo tres veces en México se ha hablado de modernidad, que es con Porfirio Díaz, con Miguel Alemán y con Salinas de Gortari. Llegan con esta idea de que hay que transformar el paradigma de nuestro desarrollo para llevarlo a otro estadio...

EUGENIO:
A otro nivel.

ALEJANDRO:
... a otro nivel. ¿Y cuál es el símbolo más claro del progreso porfirista? El ferrocarril.

EUGENIO:
El ferrocarril, sin lugar a dudas.

FRANCISCO:
Son mis dos minutos de anticardenismo: ¿quién destruye toda esta obra?

BENITO:
A ver, a ver...

FRANCISCO:
Lázaro Cárdenas. Expropia los ferrocarriles...

BENITO:
Nel.

FRANCISCO:
... y mira en lo que quedaron los ferrocarriles hoy.

EUGENIO:
No es culpa de Cárdenas...

FRANCISCO:
¿Ah, no? ¿Entonces de quién?

EUGENIO:
De quienes los han manejado.

ALEJANDRO:

Del sistema político maldito del siglo XX…

FRANCISCO:

Entonces para qué expropian.

ALEJANDRO:

Acabaron con… Hoy tendríamos una red ferroviaria increíble, de haberle seguido invirtiendo, cuidando, protegiendo.

FRANCISCO:

Ahora, el Estado mexicano se ha caracterizado por ser un pésimo administrador de la riqueza pública.

BENITO:

Es muy inepto, siempre ha sido….

FRANCISCO:

… es inepto. Entonces, ¿cómo expropias esta obra? ¿En qué se convirtieron los ferrocarriles hoy?

BENITO:

En nada.

FRANCISCO:

En nada. Se destruyó esa obra faraónica de Porfirio.

EUGENIO:

Y no se va a convertir en nada…

BENITO:

Ya se echó para atrás.

EUGENIO:

... porque los proyectos ya se cancelaron, por la propia corrupción.

FRANCISCO:

¿Por la qué?

EUGENIO:

Por la corrupción.

FRANCISCO:

No, no.

BENITO:

No, por la caída del petróleo y la caída del dólar.

FRANCISCO:

Hay crisis financieras también.

BENITO:

Volvamos a Limantour, que bastante tenemos con nuestros propios problemas. Estaba pensando que no solamente es responsable de este acceso a la modernidad por la vía de la lógica científica, sino también en gran medida es Limantour el creador del afrancesamiento mexicano.

EUGENIO:

Sí, por supuesto.

BENITO:

Por su propia influencia sobre Porfirio Díaz: Díaz empieza a notar que lo francés significa muchas cosas; la anticipación científica, la cultura, la libertad.

EUGENIO:

Pero déjame hacerte una pequeña acotación: había otros afrancesados y extranjeros importantes; estoy pensando en Tomás Braniff.

BENITO:

Que era alemán, ¿no?

EUGENIO:

No, era estadounidense, de origen irlandés, casado con una señora Lorenza Ricard, de origen francés.

BENITO:

¿Braniff es el aviador?

EUGENIO:

No, es el padre del aviador, Alberto Braniff; era el padre de Tomás, de Óscar, de Alberto, de Jorge. Pero la esposa era de origen francés, de la parte vasca, de Biarritz. Y así había muchas personas de origen extranjero...

BENITO:

Sí, pero no había un afrancesamiento de la sociedad por ellos.

EUGENIO:

Por estos sí. Por ejemplo, todas las mansiones que estaban en el Paseo de la Reforma...

BENITO:

Las de Álvaro Obregón.

EUGENIO:

Todavía existe el hotel Imperial, que era de los Braniff.

ALEJANDRO:

Yo creo que el promotor principal del afrancesamiento es Limantour, porque además está metido en muchos negocios de construcción y urbanización de la Ciudad de México.

EUGENIO:

Y con capitales franceses.

ALEJANDRO:

Además el origen francés de estos personajes influye, es la manera de decirle a Estados Unidos: «No vamos a tener *fast food* contigo, ni vamos a tener estas compañías petroleras como se conocen en Estados Unidos, sino vamos a refinarnos, para nosotros la cultura es Europa, no Estados Unidos».

EUGENIO:

La elegancia era muy importante.

FRANCISCO:

Y ahí empieza el proceso de putrefacción: por más que digan que en la dictadura porfirista todos eran carmelitas descalzos, pues hay que ver lo que hizo Limantour. Limantour se asocia, se vincula de alguna manera con Harriman, el mero, mero, el presidente de Líneas Unidas Ferrocarrileras, y empieza una serie de tráfico de influencias y de venta de una serie de líneas ferroviarias mexicanas, y se llena de millones de dólares Limantour con este proyecto.

EUGENIO:

Un parangón interesante para comparar el proyecto de Díaz, con los proyectos del priismo y del panismo, es comparar cómo se celebró el Centenario de la Independencia y cómo se celebró el Bicentenario de la Independencia, y no hay para nada comparación.

ALEJANDRO:

Es que sabes cuál es el punto, y eso es lo triste nueva-mente —y es donde nos reflejamos muchas veces cuando analizamos el presente con respecto al pasado—: habrá sido la peor dictadura, un tirano, pero había —y valga la expresión— un maldito proyecto nacional.

EUGENIO:

Sí, sí había, claro.

ALEJANDRO:

Cuando menos para Porfirio Díaz, desde que asume la presidencia en 1876 hasta que la deja, para él el proyecto era muy claro: llevar a México a un nivel de civilización nunca antes visto, a un nivel de progreso material nunca antes visto, a una sociedad evolucionada nunca antes vista, y de ahí no se movió, basado en estos tres pilares que eran orden, paz y progreso. Nosotros llegamos a 2010, y hoy seguimos sin saber a dónde vamos.

EUGENIO:

Exactamente, no hay un proyecto de nación.

BENITO:

Hay que contar que en medio de esta lógica de orden, paz y progreso, las fórmulas de pacificación y de imponer el orden y el progreso...

EUGENIO:

... eran terribles.

ALEJANDRO:

¡Ah, no! ¡Claro! Es una dictadura.

BENITO:

La guerra del Yaqui, Valle Nacional, la imposibilidad de...

EUGENIO:

... Cananea, Río Blanco...

FRANCISCO:

Yo sí quisiera hacer una acotación a lo que dijo Alex. Yo sí creo que hay un proyecto, por ejemplo, este proyecto de las telecomunicaciones, este proyecto de crear dos grandes cadenas de televisión; este proyecto, también, de la telefonía...

EUGENIO:

O sea, romper con los monopolios.

FRANCISCO:

Ahí hay un proyecto y veo muy claro el proyecto, y que los mexicanos podamos tener más acceso, y esta pluralidad, creo que es una verdadera maravilla para todos.

ALEJANDRO:

Pero yo más bien veo como parches.

EUGENIO:

Sí, yo iba a decir lo mismo.

FRANCISCO:

¿Por qué? Si el hecho de que tengamos dos compañías más de televisión creo que a todo el mundo lo enriquece, porque la competencia que tendrán las actuales es muy sana para todos.

ALEJANDRO:

Claro, pero yo no lo consideraría proyecto, sino medidas que tendrían que ir vinculadas a un proyecto.

BENITO:

«Como parte del proyecto nacional, haremos también estas cosas:...».

ALEJANDRO:

Exactamente: «Nuestro proyecto nacional es fortalecer las instituciones...

BENITO:

... la pacificación; estamos en tiempos porfirianos.

ALEJANDRO:

... la pacificación del país...», todo eso, y entonces para eso vamos a mayor inversión, la creación de fuentes de trabajo.

FRANCISCO:

Tú ves la reforma energética: si se hubiera podido seguir —lástima del desplome del petróleo—, podía haber significado para México ciento cincuenta mil millones de dólares.

EUGENIO:

El petróleo se va a recuperar.

ALEJANDRO:

Ahí es donde yo digo, aunque se recupere el petróleo... Si hubiéramos tenido un proyecto nacional, no le apuestas todo al petróleo...

EUGENIO:

Exacto.

ALEJANDRO:

... se dice que el petróleo es nuestro gran garante y le podemos sacar muchos recursos, como ha sido en los últimos cincuenta años, pero el proyecto nacional implica que diversifiques tus fuentes de ingreso.

EUGENIO:

Y se está haciendo.

ALEJANDRO:

Se está haciendo desde hace cuarenta años.

FRANCISCO:

Ahora se logró con más eficiencia, si tú ves...

EUGENIO:

... el turismo...

FRANCISCO:

... la reforma eléctrica también. Ahora van a bajar... no ahora en este momento, claro, pero la reforma eléctrica te permite ya generar —ya se acabó con el monopolio de generación de energía—, y las empresas y los particulares pueden generar su propia energía.

EUGENIO:

Eso es sano.

BENITO:

Me quedé pensando: Perú tiene alrededor de dos mil o tres mil kilómetros de costa, o menos, creo que menos. Nosotros tenemos once mil...

FRANCISCO:

Sí.

BENITO:

Okey. Una de las principales industrias peruanas es la fabricación de harina de pescado; nosotros no tenemos ni una fábrica de harina de pescado. No tenemos flota pesquera...

ALEJANDRO:

Ya desde Ruiz Cortines estaba el proyecto de la «Marcha al Mar».

EUGENIO:

Que nunca funcionó.

ALEJANDRO:

Que hayamos tenido una Secretaría de Turismo hasta la época de Echeverría, en 1975...

BENITO:

Es increíble.

ALEJANDRO:

Es increíble cuando lo que tienes siempre lo has tenido y no lo has aprovechado.

BENITO:

Y la pesca es deportiva.

FRANCISCO:

Y estuvo a punto de que la desaparecieran.

EUGENIO:

El turismo ha repuntado en los últimos años en una forma muy espectacular; ese es un ingreso muy bueno.

ALEJANDRO:

Pero nuevamente me da la impresión de que son como parches.

EUGENIO:

Pero veamos que también hay una infraestructura en industria muy fuerte; la industria automotriz es fortísima.

BENITO:

Pero es maquiladora.

EUGENIO:

No importa, pero deja fuentes de trabajo.

FRANCISCO:

Se nos está olvidando Limantour.

BENITO:

Pero estamos hablando de los mismos tiempos preporfirianos en que hay que hacer las mismas cosas que organizaron Limantour y...

EUGENIO:

También se están empezando a construir aviones, ya en Querétaro...

BENITO:

Eso también es cierto.

EUGENIO:

Sí hay una inercia de progreso que es evidente.

ALEJANDRO:

Pero vivimos en 2016. ¿Cuándo debimos haber empezado todo eso?

FRANCISCO:

José Limantour se sentía el heredero de Porfirio Díaz...

ALEJANDRO:

... y lo pudo haber sido. Poco antes de las elecciones de 1904, Díaz puso a competir a Limantour y a Bernardo Reyes: Limantour era la cabeza de los Científicos y se opone al grupo de Bernardo Reyes, que era más clasemediero, el brazo armado preferido de Porfirio Díaz, gobernador de Nuevo León. Díaz les da vuelo a los dos, les habla bonito a ambos, por separado: «Tú vas a llegar, tú vas a llegar también, tú vas a llegar...», y a la mera hora deja caer a ambos por distintas circunstancias, pero para la historia quedó registrado lo que dijo Díaz al poner punto final a la carrera presidencial de ambos: «Limantour me resultó francés y Bernardo se dispara solo». Con eso acabó con su ambición en 1904.

EUGENIO:

Yo creo que estaba ya pensando en alguien más; bueno, él estaba pensando perpetuarse en el poder, y dejar a alguien más cercano a su...

ALEJANDRO:

... a su equipo, que era Ramón Corral.

FRANCISCO:

Cuando viene la debacle del régimen porfirista, en marzo de 1911, hay una reunión entre Gustavo Madero, Pancho Madero y Limantour, en Estados Unidos; a mí me hubiera encantado estar en esa reunión, en esa conversación en Nueva York. ¿De qué pudieron haber hablado los tres?

EUGENIO:

Yo creo que hablaron de la posible renuncia de Díaz,

quien ya había manifestado que estaba dispuesto a retirarse. Creo que hablaron de una transición pacífica, procurando conservar a los privilegiados del Porfiriato. Seguramente hablaron de León de la Barra, que a final de cuentas fue el presidente interino que quedó después de la renuncia de Díaz, y han de haber hablado básicamente de no trastocar el *statu quo*.

ALEJANDRO:
Yo creo que ahí más bien le dijeron a Limantour: «Usted ni de chiste se queda. Aquí no lo queremos a usted, nosotros vamos a manejar las finanzas como creemos».

EUGENIO:
¿Tú crees que en alguna forma tan abierta?

ALEJANDRO:
Sí, porque además había una fuerte oposición de Francisco I. Madero con Limantour.

EUGENIO:
Pero es una reunión para llegar a un entendimiento, creo.

FRANCISCO:
Pero fíjate qué entendimiento iba a haber, la victoria maderista en Ciudad Juárez en mayo de 1911 fue un golpe mortal para la dictadura, cuando el ejército federal estaba intacto en marzo de ese mismo año.

ALEJANDRO:
El triunfo de la Revolución maderista fue más un éxito político que militar, pues el ejército permaneció casi intacto y sin muchas bajas.

FRANCISCO:

La toma de Ciudad Juárez fue una escaramuza: importante políticamente, pero no un triunfo militar.

ALEJANDRO:

Exactamente, no diezmó al ejército porfirista.

FRANCISCO:

Y luego qué sucede: cuando llega Madero al poder, Limantour le rentaba oficinas en un edificio de la Ciudad de México a Cook, que era de los grandes empresarios del ferrocarril, y él mismo ya era socio de Harriman; de pronto los intereses de Limantour y de sus socios comenzaron a verse afectados y es importante ver cómo Guggenheim, junto con Henry Lane Wilson y también con Limantour, conjuran para derrocar a Madero.

ALEJANDRO:

Yo no creo que Yves Limantour haya tenido que ver en la caída de Madero. Cuando ocurre el golpe de Estado en 1913, Limantour ya estaba más allá del bien y del mal y vivía en el exilio.

BENITO:

Un punto antes de continuar: Limantour podía ser presidente de México sin importar el origen de sus padres. El artículo 77 de la Constitución de 1857 dice: «Para ser presidente se requiere: ser ciudadano mexicano por nacimiento; en ejercicio de sus derechos; de 35 años cumplidos en el tiempo de la elección; no pertenecer al estado eclesiástico; y residir en el país al tiempo de verificarse la elección».

ALEJANDRO:

El asunto de que los padres debían ser mexicanos por

nacimiento como requisito para ser presidente fue una reforma que se incluyó en la Constitución de 1917; durante el sexenio de Zedillo se volvió a reformar la Constitución, se quitó la cláusula de los padres mexicanos por nacimiento y fue así que Fox pudo lanzar su candidatura. Por eso le dolió mucho a Limantour que Porfirio le diera mucho juego, que le hablara bonito; digamos, en palabras vulgares: que prendiera el bóiler y no se metiera a bañar con Limantour.

EUGENIO:
Sí, le daba el avión.

ALEJANDRO:
Era «Sí, no, mira, chiquito, te quiero, tú eres mi ministro maravilloso, increíble, te debemos todo, sabes que puedes llegar a la presidencia», y a la mera hora: «¿Sabes qué? Tú no».

EUGENIO:
Quizá Díaz estaba pensando en su sobrino, Félix Díaz.

ALEJANDRO:
No, siempre pensó en Ramón Corral, manipulable e incondicional.

BENITO:
Déjenme contarles rapidísimo una anécdota: el tiempo que trabajé en el Instituto Nacional de Antropología e Historia tuve la oportunidad de recibir uno de los archivos que fueron entregados al Instituto y era el de todos los manuscritos de Limantour para la reconstrucción del Bosque de Chapultepec, de puño y letra; del Bosque de Chapultepec y la creación del zoológico, es impresionante. De su puño y letra: «Dos jirafas, un antílope, tanto de

forraje, tanto de las rejas». De verdad, de verdad, espero que pronto pueda haber un facsimilar de ese documento. Es increíble el nivel de meticulosidad que había en la construcción de un zoológico.

EUGENIO:
Porque era un riguroso Científico.

ALEJANDRO:
Pero, qué bueno que tocaste ese tema, porque si ya eran una «familia bien» en términos económicos los Limantour, una vez que deja el gobierno había ya rebasado los límites de la riqueza; ¿por qué? Porque siendo el ministro de Hacienda fundó empresas junto con Porfirio Díaz, y hay investigaciones ahora, recientes, que demuestran que fundó empresas, modificó leyes, todo lo necesario para que él creara empresas y luego las vendiera, o se hiciera de acciones de distintas empresas...

EUGENIO:
Los bancos, el Banco de Londres y México.

ALEJANDRO:
Si no, cómo hubiera podido vivir en el exilio cuarenta años.

FRANCISCO:
Pero además, ¿quién era el director de la compañía petrolera El Águila?

ALEJANDRO:
Es un tipo de corrupción distinta a la que vemos ahora.

EUGENIO:
Se llama nepotismo, ese tipo de corrupción.

ALEJANDRO:

Pero además de nepotismo, es la corrupción utilizando información privilegiada, porque hoy agarran el fajo y se lo meten a la bolsa con todo y ligas.

BENITO:

No, también la información privilegiada.

FRANCISCO:

A ver, Pablo Macedo, Miguel Macedo y Limantour, los tres eran socios cuando venden una serie de líneas y tramos de los ferrocarriles, y son millones de dólares los que ganan, y millones de dólares también cuando vuelven a ganar una fortuna, ya vinculados directamente con Guggenheim. Entonces para mí es muy claro que la corrupción, como tú dices, y dices muy bien, no es un fenómeno reciente ni nada.

BENITO:

Tenemos quinientos años de corrupción, no se nos olvide, por favor.

BENITO:

Pero no es endémica ni cultural.

ALEJANDRO:

No, es más de acuerdo al régimen permisivo.

BENITO:

¡Claro! Y a la impunidad. La corrupción está íntimamente ligada con la impunidad; hay corrupción porque la impunidad permite que siga desarrollándose.

FRANCISCO:

Y la impunidad está ligada directamente con la inexistencia de un Estado de derecho.

BENITO:

Claro, claro.

FRANCISCO:

Si hubiera un Estado de derecho, entonces...

EUGENIO:

... no podría prosperar.

FRANCISCO:

Lo que pasa es que en este país nunca hemos tenido un Estado de derecho. Hoy tampoco lo tenemos, como tampoco lo tuvimos hace cien años.

EUGENIO:

Quizás con Juárez sí tuvimos un periodo de...

BENITO:

Pero en todas las fotos donde sale Limantour, ¡se ve de un estirado!

ALEJANDRO:

Era de los socios del Jockey Club, o sea, en todos los lugares sofisticados y de alcurnia, si podía estar alguien, estaba Limantour.

BENITO:

El Automóvil Club, que está hoy dentro de los propios terrenos...

EUGENIO:

Era el paradigma de los *lagartijos*.

BENITO:

... donde es hoy la Casa del Lago.

EUGENIO:

Los *lagartijos* se vestían como Yves Limantour.

FRANCISCO:

¿Sabes dónde hay un tema que creo que no hemos explorado? El papel que jugó Limantour en el derrocamiento y en el asesinato del presidente Madero. Creo que es un tema que no se ha tocado a profundidad. Valdría la pena...

BENITO:

Y del que se sabe poquísimo.

ALEJANDRO:

Y habría que demostrar si participó o no; yo soy de la idea de que no. El que sí participó fue el yerno de don Porfirio, Nacho de la Torre.

EUGENIO:

... Mondragón, Félix Díaz.

FRANCISCO:

¿Tú con qué te quedas, Alex?

ALEJANDRO:

Qué bueno que podamos recuperar y revisar este tipo de figuras que fueron fundamentales para su época, y es necesario acercarse a ellas para comprender, con mayor precisión, lo que son estos regímenes dictatoriales o autoritarios, y cómo funciona la lógica del poder en ese sentido.

BENITO:

Yo me quedo con la lógica de que un secretario de Hacienda es siempre un cómplice, y eso sucede constantemente.

ALEJANDRO:

Pero hay cómplices que hacen...

FRANCISCO:

... el bien.

ALEJANDRO:

... y que procuran. Hoy estamos perdidos.

EUGENIO:

En alguna forma Limantour por momentos fue el poder detrás del trono, y manipuló, para sus propios intereses y los intereses de su grupo, las políticas de gobierno de Porfirio Díaz, sobre todo las políticas financieras.

FRANCISCO:

Yo creo que fue un cerebro, fue el cerebro financiero de la dictadura; no tengo la menor duda. También creo que fue un individuo profundamente corrupto, creo que hay manera de demostrarlo, junto con la familia Macedo, pero tampoco te puedes esperar nada distinto de una sociedad cerrada como fue la dictadura porfirista.

BENITO:

Pero fue un adelantado.

FRANCISCO:

Bueno, pues yo no puedo brindar por Limantour.

BENITO:

Yo tampoco.

FRANCISCO:

Brindo por ustedes y...

TODOS:

... por los conspiradores en casa.

5

LOS EMBAJADORES DE ESTADOS UNIDOS EN MÉXICO

*México ha padecido embajadores estadounidenses de
infausta memoria; desde el primero, Joel R. Poinsett,
que antes de saludar le ofreció al emperador Iturbi-
de cinco millones de dólares por Texas, hasta otros
como Henry Lane Wilson, que fue testigo y prestó
la embajada de Estados Unidos en México para que
varios militares, entre ellos Victoriano Huerta y Félix
Díaz, ultimaran los detalles del derrocamiento del
presidente Madero. A lo largo de la historia los gobiernos mexicanos han tenido que sortear las ínfulas
intervencionistas de muchos embajadores, sin tomar
medidas severas para evitar su intromisión en los
asuntos internos de México.*

FRANCISCO:

Queridos conspiradores, debemos abordar un tema fundamental: la participación, siniestra y macabra, interesada,
dolosa y arbitraria de los embajadores de Estados Unidos
en México, y creo que ningún momento mejor que este
para analizar el comportamiento militar, diplomático,
financiero, criminal; digo criminal como en el caso del
embajador Henry Lane Wilson, que participa en el asesinato nada menos que del presidente de la República.

EUGENIO:

El acuerdo de la embajada con Huerta...

ALEJANDRO:

Creo que es un buen tema para que *conspiremos* porque nunca hemos sabido, hasta la fecha, entender bien
nuestra relación con Estados Unidos; como lo hemos
visto en otras *conspiraciones*, responde muchas veces a
la manera en que nuestro gobierno percibe la relación
bilateral. El día que encontremos la fórmula de cómo
tratar a los norteamericanos, sin nuestro «síndrome de
Juan Escutia» —envolvernos en la bandera y hacernos las
víctimas—, creo que México podría tener una relación
distinta y mucho más próspera.

EUGENIO:

Es muy difícil tener una relación con un depredador tan ambicioso y tan voraz como es Estados Unidos, y con una política internacional tan congruente: no importa si gobiernan los demócratas o los republicanos, su política exterior es de lo más sistemáticamente congruente que pueda uno encontrar.

BENITO:

Basta recordar el caso del secretario de Estado, uno de los más famosos, John Foster Dulles, cuando dijo: «Estados Unidos no tiene amigos, tiene intereses». Sobre esa base, a lo mejor valdría la pena que empecemos a abordar... Yo pienso que desde el primer embajador que llegó de la Casa Blanca a México hasta nuestros días, siempre ha sido una historia controvertida, de influencia, de abuso, de menosprecio, y comienza con Joel Poinsett, el primer embajador, hasta el penúltimo, este señor, Carlos Pascual, que se va por haber cometido una serie de indiscreciones diplomáticas imperdonables en una figura...

EUGENIO:

... como embajador.

BENITO:

... como el representante de la Casa Blanca.

EUGENIO:

Desde Joel R. Poinsett, que influyó mucho en la política mexicana y trajo a los masones yorkinos y los incrustó en nuestra política, y a quien se reconoce más que nada por haber nombrado *poinsettias* a las flores de Nochebuena, hasta el de hoy, todos tienen su historia con nosotros.

BENITO:

Ese es el peor agravio, piratearse la Nochebuena.

EUGENIO:

Ese fue el peor agravio que nos hizo; desde entonces hemos tenido problemas muy graves.

FRANCISCO:

Pero hay que ver a qué viene Joel Poinsett: ya había venido a México antes de su nombramiento como diplomático, precisamente para evaluar las posibilidades de que Estados Unidos comprara Texas y parte de Nuevo México, entonces venía con un objetivo específicamente comercial.

BENITO:

Pero además es el tipo de personaje norteamericano soberbio, que siempre miró con menosprecio todo lo que era la cultura hispánica, o incluso prehispánica; llegó después de la consumación de la independencia, pero con un ánimo de «Ustedes son unos ignorantes, mexicanos, no sirven para nada... Vengo a enseñarles qué es la democracia»...

FRANCISCO:

Nos veía como salvajes.

ALEJANDRO:

... salvajes, retrógradas, sucios, cerdos...

FRANCISCO:

... ignorantes, inútiles.

ALEJANDRO:

En sus memorias tiene dos frases que a mí me llamaron mucho la atención cuando las leí: una es que él nunca se habría casado con una mujer mexicana porque fumaban, y dos, que prefería caer en manos de unos bandoleros a ponerse en manos de un médico mexicano.

EUGENIO:
Qué ignorante.

FRANCISCO:
De una petulancia...

ALEJANDRO:
Si tú lees sus memorias, habla de los léperos y no concede nada a México. En sus memorias habla mucho de la Ciudad de México y de cómo está distribuida la gente y cómo se organiza socialmente, aunque siempre le encuentra un pero a todo; en todo momento, nada es comparable a la grandeza de Estados Unidos. Poinsett era verdaderamente detestable.

EUGENIO:
Nunca leyó la obra de Humboldt; nunca se enteró de lo que Humboldt había dicho de México.

BENITO:
Además, Poinsett era republicano hasta las cachas; entonces llega a un imperio, a una monarquía que le resulta incomprensible, cuando venía de varias misiones en América del Sur, y obviamente se comporta de una manera... De una patanería y altanería terribles, que en todo caso es lo de menos.

FRANCISCO:
No perdamos de vista que Joel Poinsett viene a México con la idea de adquirir Texas: viene con cinco millones de dólares en la cartera para...

BENITO:

… corromper a quien fuera necesario.

FRANCISCO:

Y sabe que los mexicanos, o buena parte del gobierno, pueden ser consecuentes con él. Tampoco debemos olvidar aquella invitación que le hace el propio Vicente Guerrero para que se convirtiera en el próximo emperador de México; es una carta vergonzosa que le manda Vicente Guerrero a Joel Poinsett.

EUGENIO:

Por eso Vicente Guerrero es el presidente de la logia yorkina, en contra de la logia escocesa, donde estaban Guadalupe Victoria, Manuel Gómez Pedraza, Ramos Arizpe y otros.

FRANCISCO:

Me imagino a un viejo insurgente de la Independencia de México: en ese momento no era presidente todavía.

BENITO:

Era muy manipulable, muy vulnerable.

FRANCISCO:

Pues sí, pero ofrecerle que se convierta en emperador al embajador del imperio era muy agresivo.

ALEJANDRO:

Pero ahí lo que estamos viendo es esa agresividad que mencionabas al principio, Eugenio, de Estados Unidos; es la representación muy clara de esa agresividad. Imagínate que hoy llegara el embajador norteamericano a decirle al nuevo presidente: «Oiga, véndame Baja California». En ese momento lo declaras *persona non grata*, lo corres y pides que lo retiren. Pero aquí en México ninguno de los presidentes se ha atrevido a eso.

FRANCISCO:
Nunca, nunca hemos visto eso.

ALEJANDRO:
Nunca, jamás. Han tenido muy pocos pantalones para decir: «Quiero que retiren a ese embajador», o lo retiran después de que ya hicieron desaguisados. Poinsett estuvo en México como embajador cerca de ocho o diez años, y ya lo de Texas, si traía dinero o no, es lo de menos; es la manera como se metió, hasta la médula, en la incipiente clase política de entonces: la manipuló, azuzó a los yorkinos contra la logia escocesa, provocó el golpe de Estado de Guerrero, violentando las primeras elecciones de 1828, que había ganado Gómez Pedraza, es decir, hizo lo que quiso aquí en México.

EUGENIO:
Empezó a manejar los hilos como los han manejado siempre. Aunque sí debemos decir en beneficio de México que nuestros representantes diplomáticos, como Manuel Eduardo de Gorostiza, fueron valientes y dieron la batalla en Estados Unidos para defender los intereses nacionales.

FRANCISCO:
Pero en el caso de Poinsett era conveniente decirle al señor: «Hasta aquí. Lo declaro a usted *persona non grata*». Pero ni siquiera en el caso del embajador Fulton Freeman, ya en el siglo XX, cuando el presidente Díaz Ordaz descubre que la CIA había hecho toda una conjura en el movimiento del 68 para derrocarlo, ni siquiera en esa coyuntura toma la decisión de decirle a Freeman: «A usted lo declaro *persona non grata*». Vamos, es que

los presidentes mexicanos, desde Poinsett, saben que si piden el retiro de México de un embajador del imperio, las consecuencias pueden ser graves.

EUGENIO:

Siempre hemos necesitado la bendición de Estados Unidos para que los gobiernos se instauren: hace pocos meses vino el vicepresidente de Estados Unidos para hablar con los candidatos a la presidencia, evidentemente para tener injerencia en las elecciones. Es muy clara su intervención, pensemos en Henry Lane durante la Decena Trágica: cómo apadrina, junto con Huerta, el asesinato de Madero y Pino Suárez y nadie le pone un alto.

FRANCISCO:

Pero antes de esto, volviendo a Joel Poinsett: rinde informes en la Casa Blanca de que México en ningún caso y en ninguna circunstancia va a venderle a Estados Unidos ni siquiera un milímetro cuadrado de tierra. De alguna manera él es el que comienza el proceso de detonación de la guerra.

EUGENIO:

Pero tuvieron que pasar como veintitantos años para esa guerra.

FRANCISCO:

Él es el que también convence al presidente de Estados Unidos para que comience el proceso de migración del norte de Estados Unidos hacia Texas, porque en aquella época había tres mil personas en todo Texas.

EUGENIO:

Y a sancionar el empuje de las tribus salvajes que habitaban esos territorios, que causaban verdaderas masacres y desastres en las ciudades fronterizas de México, y que minaban la posibilidad de respuesta de los mexicanos frente a los deseos de los texanos de independizarse.

ALEJANDRO:

A tal grado azuza a la clase política mexicana, sobre todo a los federalistas, que las dos leyes de expulsión de españoles decretadas bajo el régimen de Guerrero se deben al norteamericano.

BENITO:

Poinsett era antiespañol *per se*, y ese tipo de medidas como la expulsión es algo que se le debe atribuir directamente, él se inmiscuyó por completo en la política interior de México.

ALEJANDRO:

Ninguno de los presidentes de México, por más intervencionistas que hayan sido los embajadores norteamericanos en nuestros asuntos, se ha atrevido a aplicarles el 33: el artículo 33, que es autoritario por donde le vean. Los mismos constituyentes del 17, en la discusión del artículo, decían que era imposible que al presidente se le otorgara tal poder, porque recordemos que puede expulsar a un extranjero sin juicio previo, simplemente diciéndole: «Te pasaste de la raya, de lanza, por esto y por estas declaraciones te vas», y sin embargo, a ninguno de los embajadores, jamás, se le ha aplicado. Obviamente es un artículo de 1917, pero antes tampoco hubo la intención de retirar a nadie. Madero fue muy tibio, le decía a Woodrow Wilson: «Oiga, queremos un nuevo embajador», pero nunca con determinación y decir: «A ver, este señor está interviniendo en esto, llévenselo».

EUGENIO:

Su política es de apoderamiento, y de hecho desde la Doctrina Monroe los norteamericanos han pretendido quedarse con todo el continente, no nada más con México; de hecho lo tienen sojuzgado.

FRANCISCO:

Por ejemplo, el embajador Nicolás Trist, que fue un embajador notable, que sí estuvo a favor de México en algún momento, como también lo estuvo Josephus Daniels, embajador con Cárdenas; Nicolás Trist es de los que logran que se detenga de alguna manera todo el proceso de anexión de México hacia Estados Unidos en 1848.

BENITO:

Consigue el pago de quince millones de dólares de la época, como una especie de recompensa.

ALEJANDRO:

Con un tratado que es una loa al cinismo y que los norteamericanos llamaron Tratado de Límites y «Amistad», cuando tenían ocupado el territorio mexicano y permanecerían en él hasta junio de 1848, además de que con él nos arrebataron más de la mitad del territorio.

FRANCISCO:

Te ponen una pistola en la cabeza. Pero además comienza todavía peor, porque dice: «En el nombre de Dios todopoderoso...». O sea, en el nombre de Dios todopoderoso se firma ese tratado de amistad.

EUGENIO:

Debemos recordar que el gobierno de Estados Unidos está sancionado por Dios omnipresente, por ese señor barboncito que anda por allá arriba.

ALEJANDRO:

Más que hablar de qué buena onda que de repente nos toque un Trist, o un Daniels, responde también a lo que es la política exterior norteamericana, es muy pragmática. Recordemos el caso de Robert McLane, que es este enviado plenipotenciario de Estados Unidos que mandan durante la Guerra de Reforma a México para ver con quién de los dos pueden firmar un tratado que es muy oneroso; hoy ese tratado lo conocemos como McLane-Ocampo y es básicamente el que permitía el paso a perpetuidad por el istmo de Tehuantepec a las tropas norteamericanas.

FRANCISCO:

Ahí me gustaría, en ese Tratado McLane-Ocampo, que hiciéramos un breve brindis por Benito Juárez, pero también para escarbar más en el talento político de Melchor Ocampo; en el talento diplomático.

EUGENIO:

Reflexionando sobre lo de Poinsett, estoy recordando que a él sí se le expulsó, pero creo que es el único caso de un embajador expulsado de México, y creo que es pertinente la rectificación.

FRANCISCO:

Qué bueno, después de muchos años lo largaron.

ALEJANDRO:

Lucas Alamán, que fue este famoso ministro de distintos gobiernos conservadores, y el padre del conservadurismo, y extraordinario intelectual, escritor e historiador, fue uno de los artífices porque él llevaba la política exterior de México y le traía ojeriza a Poinsett, después de todo lo que había intervenido.

FRANCISCO:

Hay que recordar también el caso del embajador Gadsden, con La Mesilla, porque él es el que negocia la venta de La Mesilla en México. Cuando me dicen que Juárez vendió territorio nacional, yo les diría: a ver, que me digan dónde está lo que vendió Juárez. Santa Anna sí vendió La Mesilla.

BENITO:

Pero en el caso de La Mesilla le pusieron una pistola en la cabeza a Santa Anna; prácticamente le dijeron: «O vendes, o vamos a la guerra otra vez».

EUGENIO:

No tenía posibilidades de nada.

FRANCISCO:

Ya sabían los niveles de corrupción de Santa Anna, tampoco era tan complejo, pero sí es cierto que estaba muy amenazado. Pero Gadsden, que era un gordo de estos, lo que quería obviamente era lograr la comunicación por ferrocarril hacía el Océano Pacífico, y para ello compran La Mesilla. Lo que quiero decir es que Juárez también se las pudo haber arreglado vendiendo territorio, porque también llegan a ofrecerle comprar Baja California, y él dice: «No vendo».

BENITO:

Juárez defendió la integridad de la nación a capa y espada.

FRANCISCO:

Pero ahí tenemos a un embajador Poinsett, y a un embajador Slidell, a quien no quieren recibir porque venía también a comprar territorio nacional.

EUGENIO:

Siempre han querido saquearnos. Estoy recordando a Dwight Morrow, durante la época de Calles, un embajador que tuvo gran influencia y Calles se sentía muy confortado con su presencia porque le garantiza la sanción del gobierno de Estados Unidos.

ALEJANDRO:

Morrow desarrollaba la «política de los *ham and eggs*», porque todo lo resolvían en desayunos, muchas veces en Cuernavaca, donde estaba Morrow, y entonces él invitaba a desayunar. Es Morrow el que finalmente logra la conciliación, se pone como mediador entre el Estado mexicano con Calles y la Iglesia católica, y llegan al acuerdo.

FRANCISCO:

En medio de la guerra cristera.

ALEJANDRO:

Para unos Morrow fue importantísimo pues con su mediación concluyó el conflicto religioso; para otros, como Vasconcelos, Morrow fue el peor intervencionista después de Poinsett, y así lo dijo el propio Vasconcelos en la campaña de 1929, apoyando a Pascual Ortiz Rubio. Por esto, a su cuarto volumen de memorias lo tituló *El Proconsulado*; el procónsul era Morrow.

FRANCISCO:

No olvidemos que hoy en día en Cuernavaca hay una calle que se llama Dwight Morrow. Es decir, todavía…

EUGENIO:

… se le guarda gratitud.

FRANCISCO:

Es también importante cómo el embajador Morrow viene a sustituir al embajador Sheffield, porque llegó un momento en que, en 1927, iban a invadir México, con el presidente Coolidge; faltaban ya momentos insignificantes y se descubre todo el plan, la conjura, el complot para desembarcar las tropas norteamericanas en México. Lo descubre el presidente Calles a través de Luis N. Morones, porque Luis N. Morones era el que manejaba todos los prostíbulos del país y conocía en detalle a muchas mujeres, sabía que la esposa del embajador Sheffield era lesbiana, entonces consigue a una lesbiana muy guapa para seducirla…

EUGENIO:

… y sacarle la sopa…

FRANCISCO:

… y se roba los planos esta mujer. Entonces el presidente de Estados Unidos enloquece de la furia, porque se descubre su plan, a Sheffield le dicen que lo corrompió el gobierno mexicano, y se hace un escándalo tremendo: Sheffield mismo no entendía qué había pasado y de dónde habían salido los planos, y le dice el presidente Calles a Coolidge: «Si usted da un paso más en materia de intervención, voy a la Sociedad de Naciones a denunciarlo, pero además voy a expedir todos los documentos para que se sepa esto».

EUGENIO:

Los planos habían salido del mismo Coolidge.

FRANCISCO:

¡Pues sí! Pero es importante ver hasta de qué estrategias puedes echar mano, como contratar lesbianas muy guapas para que enamoren a la esposa del embajador.

BENITO:

Bueno, veamos, la diplomacia es mucho de eso, chismes de gran altura.

ALEJANDRO:

Con su ley del petróleo de 1925, Calles retó a los gringos: la aplicación de esa ley significaba casi la guerra con los gringos porque no estaban dispuestos a perder sus concesiones petroleras en México. Calles tenía razón en tratar de aplicar el artículo 27 constitucional con su ley reglamentaria para hacernos con el petróleo, que era nuestro...

FRANCISCO:

Pero nadie se había atrevido a hacerlo.

BENITO:

Y cuando él se atreve, casi lleva a México al borde de la guerra con Estados Unidos.

FRANCISCO:

Pero por esa razón, porque cuando se promulga la Constitución del 17, todo mundo pensó que Carranza iba a promulgar su ley del petróleo.

BENITO:

Carranza dijo que no, y agregó: «Ahí les dejo el negocio. Ahí les dejo el artículo 27».

FRANCISCO:

Y viene después el presidente Obregón, se queda sin el reconocimiento de Estados Unidos...

ALEJANDRO:

... y dobla las manitas.

FRANCISCO:

Dobla la manita cuando ve que se le viene encima la sucesión presidencial: él quiere que sea Calles el presidente, sabe que va a venir un motín de los militares, porque los militares no quieren a Calles; van a necesitar armas, van a necesitar aviones, van a necesitar ametralladoras, necesita el aval de Estados Unidos, y es por eso que se hacen los Tratados de Bucareli, para que se diera marcha atrás a la Constitución del 17 y que además se reconociera el gobierno de Obregón, y de este modo tener acceso a las armas.

EUGENIO:

En el México moderno, en las relaciones modernas, hay que entender que hay una serie de embajadores paralelos, embajadores en las sombras, que son los representantes y directivos de las grandes transnacionales, que también inciden en la política nacional, o sea, se meten hasta la cocina y dictan directrices que el gobierno mexicano muchas veces se ve obligado a aceptar. Estoy pensando en las grandes transnacionales, que tienen un amplísimo poder.

FRANCISCO:

No sólo eso, sino también los representantes de los grandes diarios de Estados Unidos...

BENITO:

... y de los bancos.

FRANCISCO:

La Casa Blanca está íntimamente vinculada a Wall Street y también a los medios de difusión.

EUGENIO:

Y la política del *big stick* les ha funcionado maravillosamente.

FRANCISCO:

La amenaza del *big stick* es con lo que dominaron este país...

BENITO:

Con lo que han dominado el mundo.

FRANCISCO:

Pero entonces viene la expropiación petrolera de 1938, cuando el embajador ya es Josephus Daniels, y este la juega muy bien del lado de Cárdenas.

BENITO:

Nuevamente vamos al pragmatismo. ¿Por qué la juega bien? Porque a Estados Unidos le convenía en ese momento estar bien con México, porque ya estaba a punto de comenzar la Segunda Guerra Mundial y todo ese petróleo que tenía México lo necesitaba Estados Unidos para su industria bélica, y no iba a permitir que lo negociara con Japón o Alemania.

EUGENIO:

Sí, porque los alemanes ya estaban muy metidos en esto.

ALEJANDRO:

Si no hubiera habido guerra, te aseguro que nos comen vivos con la expropiación petrolera los norteamericanos.

FRANCISCO:

En la Primera Guerra Mundial, el 75% del petróleo inglés era mexicano; así de fácil. En la Segunda Guerra Mundial era también del interés de Estados Unidos debilitar a Inglaterra para negociar luego condiciones tremendas de paz.

EUGENIO:

Con Alemania.

FRANCISCO:

Y con Inglaterra. Mientras más débil... Se quedan con las Islas Vírgenes.

EUGENIO:

Como lo vinieron haciendo desde siempre: cómo se quedan con Cuba, cómo se quedan con Filipinas, cómo se quedan con muchas de las Antillas, siempre han operado... Son muy inteligentes desde su política exterior, me parece, que es de una inteligencia si tú quieres perversa pero les ha dado grandísimos frutos, con el sacrificio de millones de seres humanos.

ALEJANDRO:

Saben acercarse; los embajadores son nombrados de tal manera que sepan acercarse. Henry Lane Wilson se ganó el favor de Porfirio Díaz. Cuando llega Madero a la presidencia en 1911, empieza a quitar subsidios; quita subsidios, por ejemplo a los periódicos, el famoso *chayote* y todo eso, y en las libretas donde vienen las cuentas, digamos, debajo del agua, para comprar a la prensa y demás, hay una iguala que Porfirio Díaz le pasaba a Henry Lane Wilson para sus gastos aquí y que no se la pasara mal.

FRANCISCO:

Y luego quería Wilson que se la siguiera pagando.

ALEJANDRO:

Y Madero se la quitó: «¿Por qué te voy a pagar yo, si tú eres el embajador?». Y luego, cuando Sara le está llorando a Henry Lane Wilson para que por favor ayude a Madero, le dice: «No, su esposo tuvo la culpa porque no quiso escuchar mi consejo».

BENITO:

Cuando todavía estaba vivo.

EUGENIO:

Pudo haberle salvado la vida si se le hubiera dado la gana.

FRANCISCO:

Él podía haber precipitado muy bien el salvoconducto, pero lo que quería era que lo mataran, porque de esa manera se acababan los problemas.

EUGENIO:

Porque si no me equivoco ya había un embajador de Dominicana, o de algún país latinoamericano…

FRANCISCO:

El de Cuba.

ALEJANDRO:

Manuel Márquez Sterling.

BENITO:

… que ya le tenía preparado inclusive un barco para que pudiera exiliarse.

FRANCISCO:

Márquez Sterling negocia muy bien el salvoconducto para Cuba, pero *El Chacal* lo último que quería era eso.

EUGENIO:

Sí, quería exterminar a Madero.

FRANCISCO:

Decía: «El que hace la revolución a medias cava su propia tumba», y ahora le voy a dar salida a Madero, para que llegando a Cuba pueda armar un conflicto revolucionario y me derroque, mejor aquí mismo...

ALEJANDRO:
Además de los intereses que manejaba Henry Lane Wilson, no solamente los de los corporativos estadounidenses, algo de locura había en él, porque de repente... Katz señala dos o tres telegramas donde mandaba unos mensajes verdaderamente alarmistas de «... nuestros connacionales norteamericanos aquí en México están sufriendo»; entonces se cuenta que alguna ocasión se manda un barco de California a Baja California para rescatar a los ciudadanos norteamericanos, y era falso.

BENITO:
Es decir, fomentaba la paranoia.

ALEJANDRO:
Lo que aprovecharon los ciudadanos norteamericanos para regresarse sin pagar pasaje. Había una paranoia terrible que había sembrado Henry Lane Wilson, y se había comprometido además con Huerta a encargarse de otorgar, o de conseguir, el reconocimiento del gobierno una vez que Huerta llegara a la presidencia, lo cual ya no iba a pasar.

FRANCISCO:
Vale la pena recordar la penúltima visita del presidente Calderón a Washington, cuando antes de reunirse con el presidente Obama hizo una declaración ante la prensa diciendo que ya no se resistía la presencia del embajador Carlos Pascual en México. Esta fue una declaración temeraria, yo creo que justificada porque se dice en el argot diplomático que estaba enamorado de la hija de un alto funcionario del gobierno, del partido de oposición, y toda

la información que le daba Calderón al embajador él se la daba al partido de oposición a través de sus relaciones amorosas.

EUGENIO:
Los susurros de las almohadas.

FRANCISCO:
Se la ganó el señor Carlos Pascual. Salud.

6
MARIANO ESCOBEDO

෨

*Uno de esos hombres que de pronto decidieron tomar
las armas para defender a la patria, las ideas
liberales y la República. Hombre cabal, honorable,
generoso; norteño hasta las cachas y quien encabezó
la resistencia contra el Imperio de Maximiliano con
el Ejército del Norte. A diferencia de otros miembros
de su generación nunca buscó hacerse con el poder,
fue leal a las instituciones, y puso fin al Imperio al
sitiar Querétaro y capturar a Maximiliano en 1867.*

FRANCISCO:

Conspiremos hoy con uno de estos personajes de los que a veces sólo sabemos por algún monumento o porque le dio nombre a una calle o avenida importante, pero que fueron fundamentales en distintos periodos de la historia; en este caso hablemos de Mariano Escobedo.

BENITO:

Gran personaje, norteño, orejón, defensor de la República, que estuvo presente en el ejército desde la invasión de Estados Unidos.

ALEJANDRO:

Así es, en la batalla de La Angostura, del 22 de febrero de 1847, en la que Santa Anna estuvo a punto de ganarle a los gringos pero se retiró en el último minuto sin dar mayores explicaciones.

FRANCISCO:

Ahí vemos ya por primera vez a este hombre, a este regiomontano de lujo dando la batalla.

BENITO:

De una familia de conservadores, su madre muy católica; él desde muy joven se vuelve liberal, un liberal acérrimo, un hombre de absolutas convicciones. Era orejón, enjuto, alto...

EUGENIO:
... delgado...

BENITO:
... melancólico. Las fotografías y los cuadros que hay de Escobedo, en todos ellos se le ve con esa mirada, como mirando hacia el infinito.

EUGENIO:
Tenía el aspecto de un intelectual, no de un militar.

ALEJANDRO:
Para ubicar a nuestros conspiradores en casa, simplemente esa es la gran tragedia del ejército liberal mexicano a partir de la época de la caída de Santa Anna, en 1854-1855: la mayoría de sus hombres son improvisados. Es decir, la élite del Ejército Mexicano, la que había estudiado en el Colegio Militar, la que tenía preparación formal y demás, fue a engrosar las filas de los conservadores. Ahí está Miguel Miramón...

EUGENIO:
... Márquez.

ALEJANDRO:
... Leonardo Márquez, muchos de ellos. En cambio, el ejército liberal se va formando con voluntarios.

BENITO:
Y en la batalla.

ALEJANDRO:

Y casi todos son voluntarios. Por ejemplo, Zaragoza, Porfirio Díaz…

EUGENIO:

… González Ortega.

ALEJANDRO:

González Ortega.

FRANCISCO:

Santos Degollado.

ALEJANDRO:

En el caso específico de Mariano Escobedo, fue un ranchero, comerciante. Era parte de los seis o siete hijos que tuvieron sus papás; no tenían para pagar escuelas, entonces su papá le dice que se quede a ayudarlo en Nuevo León, y se queda. Fue comerciante, ranchero, agricultor, y a él todavía le toca combatir las incursiones de apaches, las que hacían las tribus bárbaras.

EUGENIO:

De hecho se forma como militar, como combatiente, luchando contra los apaches.

ALEJANDRO:

Ahí es donde surgen ese tipo de características militares para organizar, mandar y demás. Sí llegó a ser general de división, pero el punto es que tenía cierto talento para las armas y para manejar gente.

FRANCISCO:

Y esa vocación para defender lo que él consideraba que tenía que defender con las armas.

EUGENIO:

Y siempre fue un patriota luminoso, nunca titubeó, y del lado liberal.

BENITO:

Y nunca chaqueteó, y nunca transó, siempre estuvo del mismo lado, con Vidaurri.

EUGENIO:

Inclusive se pelea con Vidaurri, se separa de él cuando Vidaurri se separa de los liberales.

ALEJANDRO:

Las tropas liberales siempre estaban mal armadas, mal comidas, mal vestidas; le echaban ganas, valga la expresión.

EUGENIO:

Pero luego va a participar con bastante éxito en la Guerra de Reforma; en la Guerra de Tres Años sostiene varios combates de los que sale victorioso. Tenía la cualidad de que luchaba en la guerra y una vez que bajaban las aguas se retiraba a la vida civil, no se quedaba en el ejército.

FRANCISCO:

Regresaba a Galeana, Nuevo León.

EUGENIO:

Era un hombre muy honesto en ese sentido.

FRANCISCO:

Él esperaba a que se presentara un nuevo conflicto donde estuviera en peligro México, la patria, y ahí estaba. Por ejemplo, cuando vuelve a resurgir en el 53-54, con el Plan de Ayutla, vemos otra vez que él dice: «Santa Anna se tiene que largar», porque además ya sabía las que había hecho Santa Anna en San Jacinto (1836); ya sabía lo que había hecho Santa Anna en la guerra contra Estados Unidos (1846-48); ya sabía lo que había pasado en la Guerra de los Pasteles (1838); sabía lo que había pasado con Barradas (1829). Él estaba harto, por eso se reúne con todo este grupo de liberales mexicanos que encabeza Juárez, donde están Ocampo, Guillermo Prieto, y entonces propone acabar con Santa Anna, y lo derrocan con el Plan de Ayutla.

EUGENIO:
Porque era un peligro para el país Santa Anna, siempre.

ALEJANDRO:
Pero además, esa es su relación con este tipo de liberales del norte. Porque recordemos que la composición geográfica también los ubica por región, y él está en ese momento con Vidaurri. Recordemos que Santiago Vidaurri terminará traicionando a la República. Pero está también con Zuazua, que es otro de los generales del norte; va a convivir con Gerónimo Treviño, con Ramón Corona, con toda esa pléyade de generales liberales del norte durante los años de la Guerra de Reforma.

EUGENIO:
Y con gran éxito.

FRANCISCO:
Fue la última vez que estuvo Santa Anna en el poder, en el año 55, cuando finalmente es derrocado, pero ahí está mi general Escobedo; como dijimos, ya estuvo en La Angostura, que fue un momento crítico en la historia de México, y en el Plan de Ayutla.

BENITO:

En los mejores momentos en la historia de la patria.

ALEJANDRO:

Y además es muy importante que si seguimos su carrera, es básicamente la misma que va siguiendo Porfirio Díaz: Díaz deja su labor de pasante de abogado, se enrola contra Santa Anna y luego va a la Guerra de Reforma y va ascendiendo, nada más que el fin de Mariano Escobedo es distinto al de Díaz, no ambiciona el poder.

BENITO:

Y es un liberal siempre.

ALEJANDRO:

Escobedo está en la batalla del 5 de mayo; unos días antes, el 28 de abril de 1862, se enfrentan por vez primera mexicanos contra franceses en las Cumbres de Acultzingo.

FRANCISCO:

Vemos a un Mariano Escobedo peleando como un tigre en la batalla del 5 de mayo contra los franceses...

ALEJANDRO:

... igual que Porfirio Díaz. Luego defiende Puebla y cae prisionero, igual que Porfirio Díaz, y se escapa, igual que Porfirio Díaz.

EUGENIO:

Y forma parte del Ejército de Oriente que estaba bajo las órdenes de Porfirio Díaz.

ALEJANDRO:

No, se va al norte.

BENITO:

Se va, se regresa.

EUGENIO:

Pero eso es después.

ALEJANDRO:

El de Oriente es el que forma Porfirio Díaz en la región de Oaxaca y ahí cada quien sigue su camino.

EUGENIO:

Pero ahí sí milita, también bajo sus órdenes, y después va a ocupar un cargo público durante el gobierno de Porfirio Díaz; eran compañeros en la milicia y seguramente llegaron a ser amigos.

BENITO:

Déjenme recomendarles un libro: se llama *El general orejón ese*, de mi hermano, Paco Ignacio Taibo II, que es un libro chiquito, de noventa y nueve páginas, que cuenta justamente la biografía de Mariano Escobedo.

EUGENIO:

Muy pertinente.

FRANCISCO:

¿Cómo se llama?

BENITO:

El general orejón ese.

FRANCISCO:

¡Claro!, por las orejas. Vemos que este hombre se da cuenta de que el ejército francés irremediablemente va a tomar todo el país después de la batalla de Puebla en el 62; el ejército invasor retrocede, espera a recibir refuerzos y al año siguiente, en 1863, avanza sobre Puebla, la toman y con ello se abren las puertas para recibir a Maximiliano en 1864. Escobedo es de los hombres que mantienen viva la resistencia contra el Imperio y tras resistir varios años, comienza la contraofensiva desde el norte y en marzo de 1867 le pone sitio a Querétaro, donde Maximiliano ha decidido jugarse su última carta; el 15 de mayo Escobedo toma Querétaro y el emperador se rinde ante él.

EUGENIO:

Era un hombre que se arriesgaba, que combatía a pecho abierto, no se andaba cuidando. Es curioso que uno se imagina a un hombre grandote, con el sable; no, era delgadito, con sus anteojitos de...

BENITO:

... de aro.

ALEJANDRO:

Y su larga barba. De hecho, hay una estatua ecuestre de Mariano Escobedo al pie del Cerro de las Campanas...

EUGENIO:

Sí, en Querétaro.

ALEJANDRO:

... pero bien podría ser Maximiliano, porque era el tipo de barba que se utilizaba, así abierta, como en dos picos.

EUGENIO:

Nada más que la de Mariano era negra y la de Maximiliano rubia.

ALEJANDRO:

Para que vean cómo era la honorabilidad en esos tiempos en la guerra: durante la Guerra de Reforma, Tomás Mejía, el general que está también en Querétaro defendiendo al Imperio, toma prisionero a Escobedo, y como los conservadores ya van derrotados, le perdona la vida. Entonces, cuando Escobedo toma prisioneros a Maximiliano y a sus generales, Miramón y Mejía, le ofrece interceder por él para salvarlo y Mejía le dice que no, que él va a seguir la suerte que corra el emperador. A diferencia de la época de Santa Anna, aquí sí se fusila, no hay cuartel para ninguno; sabes que si caes prisionero, «bailó Bertha», como dicen.

FRANCISCO:

¿Sabes de qué me acuerdo cuando dices esto de Mejía? De cuando en la época de la Conquista de México los mexicas, en alguna de las batallas, y los tlaxcaltecas también, sabían que podían acabar con los españoles por hambre, sin embargo, les mandaban alimentos, porque decían: «No podemos permitirnos ganar porque los matamos de hambre. Queremos ganar en la batalla, en el campo del honor».

ALEJANDRO:
Dudo que haya sido así, pero si lo fue, qué burros.

EUGENIO:

Cuando Alvarado y otros capitanes españoles, después de la matanza del Templo Mayor, se meten a las casas reales, una de las estrategias de los aztecas es asediarlos y matarlos por hambre; pasan veintitrés días encerrados, pero siempre hubo traidores que les pasaban alimento.

FRANCISCO:
Salud por mi general Mariano Escobedo.

ALEJANDRO:

Cuando cayó Querétaro el 15 de mayo de 1867, y Maximiliano entregó su espada a Escobedo, el emperador y sus generales recibieron un buen trato de parte del general. No hubo abuso, dejaba que los visitaran hasta que la princesa Salm Salm intentó la fuga de Maximiliano; les permitía escribir. Además, los dos defensores de Maximiliano eran Rafael Martínez de la Torre y Mariano Riva Palacio, el hermano del general escritor Vicente Riva Palacio, que también militaba en las filas republicanas. Todo mundo dice que Juárez lo mandó fusilar... No, hubo un juicio, se le aplicó incluso la misma ley que el propio Maximiliano había utilizado, la del 3 de octubre de 1865, y Juárez también le aplicó la otra, la del 25 de enero de 1862, contra todos los que tomaron las armas contra la República.

EUGENIO:

Si los liberales hubieran perdido, los fusilados hubieran sido Juárez, Mariano Escobedo y algunos otros.

FRANCISCO:

Pero además Juárez no tenía otra alternativa, tenía que fusilarlo...

EUGENIO:

... la ley se lo exigía.

FRANCISCO:

... para que se dieran cuenta de que quien se volviera a meter en este país iba a encontrarse con un pelotón de fusilamiento. Esa fue la lección de Juárez.

ALEJANDRO:

Y pueden decir lo que quieran; que debió haberlo perdonado, que el juicio fue amañado. Quizá lo revistieron con fórmulas legales y él estaba condenado a muerte desde que pisó México el 28 de mayo de 1864: tenía que morir, era un usurpador.

EUGENIO:

Hay que pensar que era un usurpador que había invadido el país, y estaba violentando las leyes del país.

BENITO:

Además venía con una fuerza colonial de ocupación.

FRANCISCO:

Pero, ¿por qué Maximiliano, cuando sabe que está perdido —porque Napoleón III se lleva al ejército francés, y sabe que tarde o temprano lo van a arrestar—, por qué no huye? ¿Por qué no se escapa?

EUGENIO:

Porque tenía un sentido del honor muy firme.

BENITO:

Otra vez volvemos con el honor.

ALEJANDRO:

Eso por un lado, y por otro porque le dijeron: «No cabes en Europa». La mamá le escribe diciendo: «A ver, mijito...».

EUGENIO:

«Fájate los pantalones».

ALEJANDRO:

«Hay que tener...».

EUGENIO:

Eso que les hace falta a muchos.

ALEJANDRO:

Un par de narices.

EUGENIO:

Estaba yo recordando que ya antes Mariano Escobedo, durante la Guerra de Reforma, pelea contra Miguel Miramón y lo derrota en San Jacinto, y en el parte del día se hace mención de su nombre como el militar victorioso, y ahí se le da un ascenso.

BENITO:

Tengo una anécdota curiosa de Escobedo: liberal, ateo, comecuras, y su caballo se llamaba *San Pedro*. Un día su madre le dice: «Mariano, ¿por qué el caballo se llama *San Pedro*?», que es un nombre evidentemente católico, y le contesta: «Porque él sí cree». Eso lo pinta ¿no?, ese espíritu...

ALEJANDRO:

Pero regresando a la cuestión del sitio, otro de los momentos importantes es cuando llega y le pone sitio a Querétaro el 14 de marzo de 1867, y el Imperio cae el 15 de mayo del 67, es decir, casi un poquito más de dos meses duró el sitio de Querétaro. A él le tocó, esa noche del 14 al 15 de mayo, recibir al coronel Miguel López: López era uno de los lugartenientes de Maximiliano y al parecer Maximiliano le dijo: «Oye, ve a hablar con el general Escobedo y dile que nos rendimos si respeta nuestras vidas, y le damos acceso por la huerta del convento de la Cruz». Al parecer lo que hace López es traicionar a Maximiliano y le dice a Escobedo: «Oye, pueden entrar por aquí, pero respeta mi vida», porque el que se salva es Miguel López. Entonces, esa noche del 14 al 15 es cuando entran las tropas republicanas por el convento de la Cruz.

EUGENIO:

O sea, vendió a Maximiliano, a Miramón, a Mejía y a todos los conservadores.

FRANCISCO:

Es de las grandes traiciones, que tanto pasan.

ALEJANDRO:

Además, hay que decirlo, de los propios conservadores, porque puedes encontrar de otros, pero aquí era el cuate que había sido uno de los leales de Maximiliano. Pero además, pesaba sobre él la idea de que había sido amante de Carlota, lo cual nunca se comprobó ni se puede comprobar.

FRANCISCO:

Después del fusilamiento de Maximiliano viene la restauración de la República, Juárez muere en 1872, y toma el poder el presidente de la Corte, Sebastián Lerdo de Tejada; fue presidente de la República hasta 1876, cuando se da el Plan de Tuxtepec. En ese momento, otra vez Mariano Escobedo era el ministro de Guerra de Sebastián Lerdo de Tejada, y se enfrenta a Porfirio Díaz que había sido su superior, su colega, se enfrentan en el Plan de Tuxtepec. Yo no podría decir que era un hombre cansado, porque muere hasta 1902.

EUGENIO:

Ya no le interesaba, ya había cumplido con su destino.

BENITO:

Estuvo en todas...

FRANCISCO:

¿Por qué no aplastar a Porfirio Díaz?

BENITO:

... gobernador de Nuevo León, gobernador de San Luis, senador, ministro de Guerra.

FRANCISCO:

Pero si eres ministro de Guerra y se levantan en armas... Ya se había levantado en La Noria, ya se había levantado en Tuxtepec. ¿Por qué no?

EUGENIO:

Porque era inconsecuente: el arribo de Porfirio Díaz al poder es un poco la consecuencia de la República Restaurada, entonces él estaba de acuerdo en que la sucesión se diera así. Y yo creo que Benito Juárez le tenía mucha confianza a Mariano Escobedo, como militar y como político.

FRANCISCO:

¿Por qué en el 76, cuando se levanta en armas Porfirio Díaz en contra del gobierno constitucional de Sebastián Lerdo de Tejada, por qué no vence? ¿Por qué toma el barco con Sebastián Lerdo de Tejada y se van del país?

EUGENIO:

Seguramente pensó que lo lógico, que lo natural, lo apropiado, era el arribo de Porfirio Díaz.

ALEJANDRO:

Yo creo que ya estaba cansado: llevaba desde la guerra del 47, con los gringos, hasta la rebelión de Porfirio Díaz.

EUGENIO:

Se echó treinta años. Se echó todas.

ALEJANDRO:

Pero ante los hechos consumados, y como él no buscaba

el poder, no representó un problema para Díaz, entonces se encontró bien con su reconocimiento como gran general, y cuando muere en 1902, Porfirio Díaz le hace un gran homenaje. Yo creo que fue por ahí, porque si él hubiera querido el poder en ese momento hubiera hecho lo posible para lanzarse contra Díaz.

EUGENIO:

Yo creo que le guardaba lealtad a Díaz.

ALEJANDRO:

Porque ya lo vimos, venían con la misma carrera militar, habían hecho prácticamente lo mismo, nada más que uno en el norte y otro en el sur, durante la Guerra de Intervención y el Imperio.

FRANCISCO:

Pero Mariano Escobedo en 1876 era el titular del ejército, de la armada mexicana, ¿por qué no le avienta toda la fuerza?

EUGENIO:

Por lealtad, habían combatido juntos, seguramente eran amigos.

FRANCISCO:

Yo creo que se dio cuenta de que no podía vencer a Porfirio Díaz.

EUGENIO:

Y ya Porfirio Díaz era demasiado poderoso.

ALEJANDRO:

Y estaba muy deslegitimado Sebastián Lerdo de Tejada, porque ahí sí se denunció un fraude brutal en las elecciones que lo llevaron a la presidencia.

EUGENIO:

Yo creo que ahí hizo bien Mariano Escobedo en no enfrentarse a Díaz.

FRANCISCO:

Pero ahí llega a la presidencia, después de que muere Juárez en 72.

ALEJANDRO:

Sí, pero fue por sustitución, en 1876 conservó el poder en unas cuestionadísimas elecciones.

FRANCISCO:

Sí, es cierto y yo creo que ahí es donde se dio cuenta de que no podía con él ya, por eso se embarca con Sebastián, ahí se torció para siempre el destino de México.

EUGENIO:

Se ha torcido tantas veces; fue una torcedura más.

ALEJANDRO:

Para siempre no creo, es una más, como dice Eugenio. Somos torcidos.

BENITO:

Hasta que se torcieron.

ALEJANDRO:

Raro es cuando vamos en línea recta.

FRANCISCO:

Somos retorcidos y retorcidos.

EUGENIO:

Somos como elípticos, hacemos así y salimos.

FRANCISCO:

De cualquier manera hay que hacer un resumen de la vida de este ínclito personaje. Está en La Angostura en 1847, está en el Plan de Ayutla en el 53 hasta que derrocan la dictadura de su «ilustrísima serenísima», este mamarracho, que yo tampoco entiendo cómo llega al poder en el 53, después de que perdió la guerra contra Estados Unidos, que nos arrebató la mitad...

ALEJANDRO:

Y lo mandan llamar otra vez.

FRANCISCO:

¿Quién? El clero lo trae, y los conservadores. Pero vuelve al poder inexplicablemente.

ALEJANDRO:

Y empezó muy bien su gobierno: se hizo rodear de gente como Lucas Alamán, pero cuando muere este personaje en 1853, todo se lo lleva el diablo y Santa Anna se pierde.

FRANCISCO:

¿Con qué te quedas, Alex?

ALEJANDRO:

Yo me quedo en que rescatemos a este tipo de personajes, que los oímos, como decías, porque tienen una calle, una estación del metro o una colonia, y no los conocemos por lo que hicieron, y creo que a este tipo de generaciones, de un segundo orden, muy importante, vale la pena que los estemos recuperando.

EUGENIO:

Hay que sacarlos del clóset para que la gente esté enterada de quiénes fueron, cómo lucharon, cómo pelearon; de su gran estatura, de su gran patriotismo, y que la gente se empiece a enterar, los conspiradores en casa, de estos personajes, que como bien dice Alejandro, la historia oficial los ha dejado en un segundo plano, y son muchísimos. Todos virtuosos, todos memorables y hay que irlos poniendo en la mesa.

BENITO:
En un mundo de traidores, de chaqueteros...

EUGENIO:
... de chapulines...

BENITO:
... de chapulines y de ladrones, la figura de Mariano Escobedo crece, refulge, además, con lo mejor de nuestro pasado liberal. Creo que hay que recuperarlo, ponerlo en la mesa y honrarlo todo lo que se merece.

FRANCISCO:
Yo creo también que es de los grandes líderes mexicanos, pero lo que más me impresiona de él es que, si tú dijeras que todas estas batallas que él da: La Angostura, Ayutla, en el 62, en Querétaro, y que después se le rinde Maximiliano, fueron porque él quería el poder, dirías «Se vale», pero no, él lo que quería era el bien genuino de este país. Sí hay mexicanos de esa textura...

EUGENIO:
... en ese momento.

FRANCISCO:
Y dices: «Qué bárbaro», porque nunca pretendió nada más que el bien del país. Por eso yo brindo.

BENITO:
Por Mariano Escobedo.

EL EXILIO DE PORFIRIO DÍAZ

El Porfiriato terminó el 31 de mayo de 1911 cuando Porfirio Díaz, a bordo del Ypiranga, se embarcó en Veracruz con rumbo a Europa para vivir exiliado los últimos años de su vida. A partir de ese momento comenzó la última etapa de su biografía, ya lejos del poder, pero añorándolo. ¿Cuál fue la responsabilidad histórica de Porfirio Díaz? ¿Pudo haber tomado una decisión diferente de aferrarse a la presidencia? ¿Fue un tirano? ¿Debe permanecer en el exilio?

FRANCISCO:

Cuando hablamos de tiranos es inevitable recordar a Porfirio Díaz, porque el señor que llegó a derrocar el gobierno constitucional de Sebastián Lerdo de Tejada, en 1876, lo derrocó con el argumento de la «No reelección» y se reeligió de 1876 hasta 1910.

ALEJANDRO:

Siete reelecciones.

FRANCISCO:

Siete reelecciones, quien llegó al poder como un golpista porque no estaba de acuerdo con la reelección. Pero no me voy a referir a él y los invito a ustedes, conspiradores en casa, a que nos sigan, no tratamos aquí ya de hablar del gobierno... perdón, de la dictadura de Porfirio Díaz...

ALEJANDRO:

Sí gobernó, sí tuvo gobierno...

FRANCISCO:

... sino de lo que pasó después; el Porfirio Díaz del exilio. Yo diría que ese es el tema.

EUGENIO:

El Porfirio Díaz que casi se fue como Mamá Carlota: «Adiós Porfirio Díaz, adiós mi tierno amor».

ALEJANDRO:

Lo increíble es, y ahora lo podemos discutir más ampliamente, la incapacidad de todos nuestros políticos de reconocer —perdón la expresión— que la cagaron.

FRANCISCO:

¿Los políticos?

BENITO:

O sea, ¿que estropearon parte de su gestión?

ALEJANDRO:

No, no estropearon: la cagaron, Benito, claramente.

BENITO:

¿Quieres decir que metieron la pata?

FRANCISCO:

Se equivocaron... es que yo no entendía.

BENITO:

Se equivocaron.

ALEJANDRO:

No, no, por eso el término es preciso.

FRANCISCO:

¿En qué? ¿Cuáles políticos?

ALEJANDRO:

¡Todos! Nadie es capaz de reconocer: «la regué, renuncio, la regué». A fuerza estiran la cuerda hasta romperla.

BENITO:
¿Estás hablando del gobernador de Guerrero, Ángel Aguirre?

ALEJANDRO:
No. Cualquier semejanza con la realidad es pura coincidencia.

FRANCISCO:
Entonces, ¿qué pues con Porfirio Díaz?

BENITO:
Que todos nos quedamos en la anécdota, lo último que sabes: «Entonces sube al *Ypiranga* y sale del país...».

FRANCISCO:
¿Qué pasó después?

BENITO:
¡Claro, de eso se trata!

ALEJANDRO:
Esa es nuestra serie. ¿Y qué pasó después?

FRANCISCO:
Yo brindo por el derrocamiento de Porfirio Díaz.

BENITO:
Yo también.

ALEJANDRO:
Yo brindo por la historia.

BENITO:
Por el bendito *Ypiranga*.

FRANCISCO:

Todos sabemos que llegó un momento en que Porfirio Díaz decidió renunciar a la Presidencia de la República; tenía un espantoso dolor de muelas. No me voy a remontar atrás para no hacer esto largo, por qué renunció ni cuáles fueron las condiciones, sino que renunció. Le dolía la muela, y parece ser que Carmelita Romero Rubio le ayudó a firmar su carta de renuncia en la que él decía que se había portado bien, que había sido un buen presidente...

EUGENIO:

... se echaba de guayabazos... al morir.

FRANCISCO:

Sí, se echaba de guayabazos, y que en el fondo no entendía... había cierto dejo de mal agradecimiento del pueblo de México.

ALEJANDRO:

Eso es lo terrible, y eso es a lo que me refería hace rato, cuando decía que nuestros políticos...

BENITO:

... son incapaces...

ALEJANDRO:

... son incapaces de reconocer sus errores, de manera increíble. Díaz dice: «... no conozco hecho imputable a mí que motivara ese fenómeno social —refiriéndose a la Revolución—, pero permitiendo, sin conceder, que pueda ser un culpable inconsciente...». Es increíble.

FRANCISCO:

¿Cuándo has visto que un político mexicano reconozca que se equivocó en algo? ¿Cuándo?

ALEJANDRO:

En las noticias de estos últimos años ves de repente que el ministro japonés, el secretario chino...

BENITO:

... que piden perdón en público...

ALEJANDRO:

... renuncian y hasta se hacen el harakiri...

EUGENIO:

... *seppuku*...

ALEJANDRO:

Aquí pueden matar gente en sus narices, pueden ser responsables, como lo de la guardería ABC, o sea, por diez mil cosas; no hay dignidad, no hay vergüenza política. Porfirio Díaz es eso. Es increíble ver la manera de la renuncia, cómo dice: «Permitiendo, sin conceder, que sea un culpable», pero no encuentro por qué...

EUGENIO:

Cuando ya había adelantado en la entrevista con Creelman que ya se iba a retirar y que estaba dispuesto a...

FRANCISCO:

«México está listo para la democracia», le dijo a Creelman.

ALEJANDRO:

«Veré con buenos ojos el surgimiento de partidos de oposición».

EUGENIO:

Estaba yo pensando en ese barco, *Ypiranga*, es un barco de siniestro destino, porque ese mismo después fue usado en la intervención fallida de 1914 para transportar armas y estuvo involucrado en esto. Cómo hay naves, buques o barcos que tienen ya un destino nefasto para...

ALEJANDRO:
Tampoco es tan nefasto. Nefasto porque se haya llevado a Porfirio Díaz...

EUGENIO:
Nefasto porque no se hundió.

ALEJANDRO:
Para terminar, y empezar esta parte del 1 de junio de 1911: Porfirio Díaz es un dictador, fue una dictadura, y en el pecado llevó la penitencia. Se pasó de lanza muchas veces, sí: las persecuciones yaquis, mayas y demás. Fue el gran constructor, indudablemente, del México moderno de finales del siglo XIX...

BENITO:
... porque le tocaba, ¿no?

ALEJANDRO:
No, porque él sí supo leer lo que nadie más. El problema es: ¿cómo lo logró? Corrompiendo. Comprando voluntades, *maiceando*, o sea, hizo exactamente lo que somos hoy como país.

EUGENIO:
Se le adelantó a Carranza en eso de *maicear* a la gente.

ALEJANDRO:
Al igual, él es el gran constructor de su obra, pero al mismo tiempo el gran destructor de su obra, porque no supo decir: «Ya, señores, hasta aquí, hay que buscar una transición», o sea, un dictador.

EUGENIO:

Yo creo que ya estaba senil. Estaba grande ya.

ALEJANDRO:

No, tan no estaba senil que vive otros cinco años más.

BENITO:

¿Cuántos años tenía?

ALEJANDRO:

Ochenta.

BENITO:

Ochenta ya.

FRANCISCO:

Él muere en París en 1915, tenía ochenta y cinco años.

EUGENIO:

Sí, pero cuando se niega a retirarse, ya ves la obcecación de un anciano necio, que ya no entiende muy bien las cosas…

ALEJANDRO:

Bueno, el gobernador de Guerrero no tiene ochenta años.

EUGENIO:

No, bueno, pero ese es otro tipo de senilidad.

BENITO:

Hay de obcecaciones a obcecaciones. Pero creo que tiene mucha razón Alejandro en el sentido de que tenemos que ver esa huella, esa impronta del pasado que nos persigue y que nos atormenta constantemente; la incapacidad de decir: «A ver, tienen toda la razón, me voy…».

EUGENIO:

... me equivoqué y me voy...

BENITO:

O «no estoy cumpliendo bien mi trabajo porque las condiciones no se prestan, me voy». Aquí no renuncia ni el entrenador de la Selección Nacional, nadie, nadie...

FRANCISCO:

Pero eso no existe, los tienen que correr...

BENITO:

... los tienen que correr y además oprobiosamente, siempre acaban hechos una piltrafa...

FRANCISCO:

... y aun así, ya que los corrieron dicen: «Fue una injusticia, yo no me lo merecía, este es un país de malagradecidos»...

EUGENIO:

... reclaman, sí.

BENITO:

Es una vergüenza.

FRANCISCO:

... en fin, nunca he visto a un político mexicano que renuncie porque no pudo, porque fracasó, porque se equivocó y que le dé la cara a la nación en los medios.

EUGENIO:

Y Porfirio se siguió quejando en el exilio de la ingratitud del pueblo de México.

FRANCISCO:

No quería firmar, Carmelita tuvo que ayudarle a firmar.

ALEJANDRO:

Eso es un mito. Firmó, a regañadientes quizá, pero lo hizo. Hay una frase por ahí que dice: «Me siento herido, una parte de los mexicanos se levantó en armas para derrocarme, y la otra parte se cruzó de brazos para verme caer. Las dos me eran deudoras de una porción de cosas». La dijo Díaz en el exilio.

FRANCISCO:

Durante el viaje a Veracruz, cuando va en el tren, recibe varios ataques, sobre todo uno muy importante, y lo va acompañando nada menos que Victoriano Huerta; Victoriano Huerta es el que va custodiando el tren. Lo atacan, claro, pudo desarmarlos este *Chacal*, no hubo ningún problema. Cuando llega a Veracruz, las recepciones que le dan al tirano son increíbles. La pregunta que me hago es: ¿dónde acaba la culpa del tirano?

EUGENIO:

El acarreo siempre ha funcionado bien.

ALEJANDRO:

No, no, no, ahí fue espontáneo.

EUGENIO:

¿Tú crees que fue espontáneo?

FRANCISCO:

¡Claro!

ALEJANDRO:

Sí, porque ahí ya estaba depuesto, ya no tenía que demostrarle nada a nadie.

EUGENIO:

Pero ahí todavía quedaban algunos de sus paniaguados que querían conservar el poder.

ALEJANDRO:

No, pero ahí todas las crónicas registran que la despedida de Porfirio Díaz fue espontánea. El pueblo no fue a despedirlo, era la clase acomodada de los veracruzanos.

FRANCISCO:

Los que más lo festejaron y lo homenajearon: Lord Cowdray, por las inversiones de petróleo en México de El Águila, la compañía de petróleo El Águila, donde Porfirito, el hijo de Porfirio Díaz, era inversionista y director. Pero bueno, lo importante es que con todo y su dolor de muelas y con todo lo que haya sucedido se va, afortunadamente, en el *Ypiranga* y él ve desde el *Ypiranga* cómo se empiezan a alejar las costas veracruzanas; ve cómo pierde de vista San Juan de Ulúa, la torre de la catedral, hasta que afortunadamente este...

ALEJANDRO:

Qué triste debe haber sido para él.

FRANCISCO:

Sí, claro.

ALEJANDRO:

Esa es otra de las cosas que enfrentamos en la historia mexicana; resulta que todos son maravillosos y todo lo hacen por el bien de la patria...

BENITO:

¡Claro!

ALEJANDRO:

... pero a la patria se la llevan entre las patas todos.

EUGENIO:

Ese es el pretexto ideal, Alejandro; hacer todo por el bien de la patria.

ALEJANDRO:

Ahora, tú ves a Porfirio Díaz y lees sus cartas y sus memorias y te das cuenta de que sí había un ánimo de creer que la patria era él, pero también de creer que nosotros, los mexicanos, éramos... sus hijos, que él era el gran patriarca.

FRANCISCO:

Bueno, acuérdate cuando decía...

EUGENIO:

Era un padre, un *pater familias*.

FRANCISCO:

... «Me duele Jalisco, me duele Oaxaca, me duele Coahuila», haz de cuenta que realmente él era la encarnación de la patria...

EUGENIO:

... Michoacán...

FRANCISCO:

... porque así decía, «Me duele».

EUGENIO:

Y más abajo le dolía Guerrero.

ALEJANDRO:

Culiacán.

BENITO:

A ver, sale en el *Ypiranga*, hay un viaje de veintitantos días y llega al puerto de El Havre...

ALEJANDRO:

A La Coruña primero; primero se detiene ahí y es donde una manifestación de socialistas va... Es la primera vez que él resiente una manifestación en su contra, y bueno, las del día de la renuncia, que la gente se reúne en su casa y lo tratan de apedrear. Pero en La Coruña los socialistas se le juntan ahí...

BENITO:

En España.

ALEJANDRO:

... «¡Que no baje el dictador!». Ahí le hablan de dictador, porque para todo mundo era «don Porfirio», y ahí sí la gente se reúne para decirle... ¡En España! Igual les hubiera valido...

EUGENIO:

Yo creo que es normal lo que sucedió ahí, porque era gente que conocía la situación del país; estaban enterados. Acuérdate de que había muchísimos españoles en México y sabían de qué pie cojeaba Porfirio Díaz y se lo reclamaron, con toda razón.

FRANCISCO:

Pero qué bueno que le dijeron dictador. El hecho real es que después, cuando se instala en París, lo recibe el rey de España, Alfonso XIII, y le hace grandes homenajes. Pero también lo recibe el káiser Guillermo II.

EUGENIO:

Lo tratan como estadista, le siguen dando el trato de un estadista.

FRANCISCO:

Pero el káiser lo reconoce. Hay una anécdota interesante, cuando lo llevan a conocer… Uno de los soldados franceses que México había derrotado en el año de 1862, y ya era un anciano, cuando llega Porfirio Díaz lo recibe, y le deja tocar la espada que había usado Napoleón Bonaparte —Napoleón I— en la batalla de Austerlitz, y él no puede creer la emoción de tener en sus manos la espada del emperador.

BENITO:

Lo que es cierto es que Porfirio Díaz logró un primer paso hacia la modernidad en cuanto a la creación de las relaciones exteriores del país. Esto que estás contando, el káiser, el rey; todos ellos están imbuidos por este espíritu de los embajadores que fue mandando por el mundo para hablar de su vida y de su obra, o sea, eso también es cierto. Por primera vez México se ponía en el panorama internacional a partir de esa creación de relaciones diplomáticas en el exterior.

ALEJANDRO:

Eso, por eso te digo, yo creo que tuvo buenas ideas, pero sus obsesiones… como siempre en los mexicanos, sus ambiciones terminaron por imponerse. Porque también la idea de cómo plantear el país, él es el que nos lleva a las ferias internacionales. Entonces, de repente, en 1889, tienes recién inaugurada la Torre Eiffel, y al lado un palacio azteca, que era el pabellón mexicano.

BENITO:

Y en la Feria Mundial de Chicago de 1893 hay un pabellón mexicano...

ALEJANDRO:

... el Pabellón Morisco.

BENITO:

... El Pabellón Morisco, que ahora está en la alameda de Santa María la Ribera; pero todo eso abona en la creación de una personalidad.

FRANCISCO:

Lo más importante son los veinte mil kilómetros de vías férreas construidos. Ese es un mérito que no se le puede discutir.

EUGENIO:

Yo quisiera recomendar un libro —a veces tenemos la atingencia de recomendar libros—, que creo que es de Manuel Tello...

ALEJANDRO:

Carlos Tello Díaz...

EUGENIO:

... que se llama ¿*Conflictos de familia*?

ALEJANDRO:

No, *El exilio. Un relato de familia*. Extraordinario libro, porque narra toda la cuestión familiar y el exilio. Pero regresando a lo que decía Paco, estamos en Europa, se establece en París; no se establece en una gran mansión, como lo hizo Limantour, sino en un departamento y va a recorrer Europa. En París, en Los Inválidos, frente a la tumba de Napoleón, un oficial francés de los que combatieron en México en 1862 le entrega la espada de Napoleón y Díaz dice que no se sentía honrado para sostenerla en sus manos, y el francés le dice...

FRANCISCO:
«Nunca estuvo en mejores manos».

ALEJANDRO:
Porque además eran veteranos de la Guerra de Intervención. Ahí se encuentra Porfirio Díaz con los veteranos a los que combatió en la guerra de intervención francesa de 1863-67.

EUGENIO:
Y a los que derrotó el 2 de abril.

FRANCISCO:
Pero decirle que las manos de Porfirio Díaz eran mejores que las de *l'empereur de la France*...

EUGENIO:
Yo creo que sí.

FRANCISCO:
Yo creo que sí, ¿verdad?

ALEJANDRO:
El emperador de *la France*, que decía, además, sobre Morelos, que seguramente también se la inventaron...

BENITO:
Que le dieran dos...

EUGENIO:

Que le dieran tres...

ALEJANDRO:

Que con tres Morelos podía conquistar Europa.

EUGENIO:

«Conquisto el mundo».

FRANCISCO:

El tirano se dio tiempo, cuando estuvo en Francia, para ir a visitar las pirámides de Guiza, en Egipto. Hay una fotografía que está en el Archivo General de la Nación, donde está...

ALEJANDRO:

Es la portada del libro que comentaba Eugenio.

EUGENIO:

La portada del libro de Carlos Tello.

FRANCISCO:

Es la portada del libro; ahí se ve a Porfirio Díaz en las pirámides de Egipto. Recorrió buena parte del norte de África, viajó por toda Europa y...

ALEJANDRO:

Además es una foto muy curiosa porque no está montando un caballo sino un burro.

EUGENIO:

¿No es un camello?

BENITO:

No, es un burro.

ALEJANDRO:

O una mula.

FRANCISCO:

¿En cuál foto?

ALEJANDRO:

En donde se ve frente a las pirámides de Egipto.

EUGENIO:

Si es una mula estaba montado sobre Yves Limantour, seguramente.

ALEJANDRO:

Además, al final del régimen se enemistó con él porque creyó que le estaba viendo...

BENITO:

... era muy inteligente Limantour.

ALEJANDRO:

Lo único que le faltaba era la presidencia, pero era más inteligente Porfirio Díaz, y con el colmillo retorcido. Se lo impidió.

EUGENIO:

También lo acompaña un personaje muy importante para la historia de México, que es Justo Sierra.

BENITO:

Justo Sierra O'Reilly.

EUGENIO:

No, Justo Sierra Méndez, el fundador de la Universidad de México; en Europa Porfirio Díaz lo acompaña en su lecho de muerte y se duele de este fallecimiento en una forma muy impresionante.

FRANCISCO:
Es impresionante ver también, y esta parte me llama mucho la atención, cuál es la reacción de Porfirio Díaz, que está instalado en el París de sus sueños. Porque siempre quiso…

BENITO:
Era francófilo.

FRANCISCO:
Siempre tuvo esa tendencia afrancesada, de traer la cultura francesa a México, como si algo le hubiera quedado de la batalla de 1862. Lo importante es: ¿qué sucede en la mentalidad de Porfirio Díaz cuando sabe que asesinaron al presidente Madero y que se instala Victoriano Huerta, y Huerta le manda un telegrama diciéndole que a partir de ese momento es el nuevo jefe del Estado mexicano? Y, claro, estalla la Revolución cuando *El Chacal*, en 1913, manda asesinar a Madero. ¿Qué pasa con Porfirio Díaz cuando sabe que estalló la Revolución y que no se va a quedar Victoriano Huerta?

BENITO:
Seguro que en su cabeza pasó la posibilidad de volver.

EUGENIO:
Sí, seguramente sí.

ALEJANDRO:
Quién sabe, porque tenía ochenta y dos años.

EUGENIO:
Ya no contaba el tiempo, porque insisto, era un anciano senil.

ALEJANDRO:

Era un anciano senil... No, yo creo que era un anciano pero seguía saliendo a cabalgar al Bosque de Boloña, por ahí hay unas fotos con su nieta; no me acuerdo cuál de las nietas, recorriendo los Campos Elíseos.

EUGENIO:

Con una hija de Amadita.

ALEJANDRO:

No, porque Amada no tuvo hijos. Ha de ser una de las hijas de Luz o de Porfirio Díaz hijo. Va caminando por Campos Elíseos, en París, de la mano... Es decir, siguió hasta los últimos dos o tres meses antes de su muerte, cuando ya tiene demencia senil. De hecho, de repente se sale, nadie lo encuentra y se pierde. Por eso pienso que no quería volver a la presidencia, sólo quería volver a México para morir en Oaxaca. Cuando se entera del golpe de Estado huertista sólo responde: «Felicidades a las nuevas generaciones...».

BENITO:

... a Huerta...

ALEJANDRO:

... Sí, a Huerta... tienen que llegar», porque además el plan era que Huerta convocara a elecciones para entregarle el poder a Félix Díaz, «el sobrino de su tío», como le llamaban.

FRANCISCO:

¿Le habrá producido placer el hecho de saber que habían asesinado a Madero y a Pino Suárez?

ALEJANDRO:

No, según la correspondencia no. Sí le causa malestar el desenlace, porque finalmente Porfirio Díaz salió vivo; murió en su cama. Con todos los pecados que pudo haber cometido, murió en su cama.

FRANCISCO:

Y todavía dicen que «el que la hace la paga». No es cierto, es una gran mentira.

BENITO:

¿En el caso de los dictadores?

EUGENIO:

Y «el que a hierro mata a hierro muere» tampoco es cierto.

FRANCISCO:

Mao se muere en la cama; Stalin se muere en la cama.

ALEJANDRO:

Hitler por mano propia.

BENITO:

Franco.

FRANCISCO:

Franco muere en la cama. Cárdenas se muere en la cama.

BENITO:

¡Ah! No. No, esto no es serio.

EUGENIO:

Tenías que meter...

BENITO:

... cizaña.

EUGENIO:

Un dato interesante es cuando visita la casa de Victor Hugo, y puede leer la carta que le mandó Victor Hugo a Benito Juárez, con quien tenía sus queveres Porfirio Díaz; había sido juarista en su momento, pero después ya tenía...

FRANCISCO:

Recordémosle a los conspiradores en casa que precisamente Victor Hugo le escribe una carta a Benito Juárez en la que lo interpela y hace todos sus esfuerzos diplomáticos e intelectuales para que no fusilara a Maximiliano; precisamente Benito Juárez a Maximiliano de Habsburgo.

EUGENIO:

Pero uno se puede imaginar a don Porfirio cruzando la Place des Vosges, dirigiéndose por los portales de esta plaza magnífica, a la casa de Victor Hugo, que está en una esquina, tocar la puerta, entrar, subir la escalinata, llegar al escritorio de Victor Hugo; imagínate la emoción de estar frente al escritorio de Victor Hugo y tener acceso a ese documento, que es un documento privilegiado para nuestra historia.

ALEJANDRO:

Pero ya lo conocía.

EUGENIO:

Seguramente ya, pero no lo conocía *in situ*.

BENITO:

Pero la escenografía es muy importante.

ALEJANDRO:

El escenario lo planteaste muy bien.

EUGENIO:

Eso es muy bello.

BENITO:

¡Claro!

EUGENIO:

Sí, tuvo muchas gratificaciones en el exilio, a pesar de todo; no fue un hombre que vivió carencias económicas ni nada por el estilo.

FRANCISCO:

No, hombre, cómo puedes creer eso; imagínate si iba a vivir con carencias.

ALEJANDRO:

No vivió como un sultán pero desde luego vivió desahogadamente, porque además, sí tenía acciones en la compañía El Águila de Pearson.

FRANCISCO:

Pearson, sí.

ALEJANDRO:

Pero yo creo que lo importante también, en este caso, es que México, una vez que se va Porfirio Díaz, padece una especie de orfandad política; al final, toda una generación se había acostumbrado a que los gobernara. A que si Porfirio Díaz quería que participaras en la política, era porque Porfirio Díaz quería que participaras: no por tus méritos, no porque te habías organizado como sociedad civil, no porque hubiera algo que fuera distinto sino que

Porfirio Díaz decidía quién sí y quién no. Y yo creo que en el momento en que Porfirio Díaz sale al exilio, de pronto se encuentra inerme el país. Está también la frase que se le atribuye a Díaz: «Madero ha soltado al tigre, veremos si puede con él».

FRANCISCO:

Es lo que quería decir; cuando pasa lo de Madero, dice: «Madero ha soltado un tigre, a ver si va a poder con él».

EUGENIO:

Y tenía mucha razón, porque no pudo con ese tigre.

ALEJANDRO:

Pero es que abrió la puerta del México profundo, del «México bronco», del México de las contradicciones sociales.

EUGENIO:

Así es, que no se somete, que se rebela.

ALEJANDRO:

Y que además tenía demasiados agravios contra Porfirio Díaz, por todos lados; había más cosas en el pueblo, en el 80% del pueblo que era analfabeta, que era rural. Ahí estaban los agravios, no en la clase media. La clase media hubiera aguantado diez años más de Porfirio Díaz.

EUGENIO:

Yo creo que una de las venganzas más notables que se tomó el pueblo de México frente a la dictadura porfirista fue el asesinato —si lo podemos llamar así— de Bernardo Reyes.

ALEJANDRO:

No podemos llamarlo así, no fue asesinato.

FRANCISCO:

No fue asesinato, fue un suicidio.

BENITO:

Es suicidio lanzarte en tu caballo blanco contra una ametralladora Browning que está puesta en el pecho. Es como la Carga de la Brigada ligera, ¿no?

EUGENIO:

Sí, de los ingleses contra los rusos.

FRANCISCO:

Eso fue un suicidio.

EUGENIO:

Sí, coincido con ustedes, pero ahí hay una venganza muy clara porque se muere uno de los próceres del Porfiriato que, además, tenía pretensiones presidenciales, y muy bien fundadas.

FRANCISCO:

Bernardo Reyes era el padre de Alfonso Reyes.

BENITO:

Eso iba a decir, lo mejor de Bernardo Reyes era su hijo.

EUGENIO:

A quien nunca entendió ni comprendió.

BENITO:

Nada.

ALEJANDRO:

Para nuestros conspiradores en casa les recomendamos, y yo personalmente, me encanta... Es una obra muy entrañable porque la escribe varios años después de la muerte de Bernardo, de su papá, que se llama *Oración del 9 de febrero*. Maravillosa.

BENITO:
De Alfonso Reyes.

ALEJANDRO:
De Alfonso Reyes, donde cuenta…

BENITO:
Gran sabio mexicano, nacido en Monterrey.

ALEJANDRO:
… no la orfandad en la que quedó; ya había una orfandad previa de Alfonso Reyes porque su papá era militar, estaba en el gobierno…

EUGENIO:
… Su papá privilegiaba a Rodolfo…

ALEJANDRO:
… Y este cuate… este cuate, ¿eh?… don Alfonso Reyes.

BENITO:
Gracias, estuve a punto de darte así…

ALEJANDRO:
Seguramente igual se llevaba con sus cuates…

BENITO:
Seguramente.

FRANCISCO:
Yo creo que todas aquellas personas que abandonan el

poder hoy, llámense Bush, llámense Obama, Calderón, Sarkozy...

EUGENIO:

... Berlusconi...

FRANCISCO:

... Zapatero, Berlusconi, el que quieras, siempre deben tener la tentación de decir: «Este la está haciendo mal, tendría que ir por acá...». Porfirio Díaz no podía estar exento de esto. Porfirio Díaz desde la distancia diría: «¡Claro! Soltó un tigre». ¡Claro que soltó un tigre!

EUGENIO:

Y no pudo con él, no pudo controlarlo.

BENITO:

Pero ese tigre anduvo con él, junto a él, durante treinta años.

FRANCISCO:

Por ejemplo, la apertura que hizo Pancho Madero de la prensa, y él ve la prensa mexicana, ve lo que le están diciendo del presidente de la República...

EUGENIO:

Es un inédito.

FRANCISCO:

... Y él dice: «¿Qué es esto? Yo jamás lo hubiera permitido». Por una décima parte de lo que hacía cualquier caricaturista o editorialista de estos...

EUGENIO:

Lo pasaba por las armas.

FRANCISCO:

O lo mandaba a San Juan de Ulúa. Y él dice: «Es que esto no es». Él sigue desde la distancia recriminando y castigando y condenando la democracia en México.

EUGENIO:

Yo creo que es el mejor ejemplo de la mano dura en los gobiernos que hemos tenido en nuestro país.

BENITO:

Me quedé pensando en la enorme diferencia, por ejemplo, entre Díaz, que acaba de alguna manera «solo» en París, con su mujer, añorando tal vez México, y Santa Anna, con esta corte de los milagros hecha a su alrededor para que sigan pensando que él es omnipotente, omnipresente.

ALEJANDRO:

Las comparaciones son odiosas, pero muchas veces son ilustrativas: ¿cuántos libros de memorias ha escrito Salinas de Gortari? Como treinta y ocho mil volúmenes desde que salió, tratando de justificar lo injustificable. Un régimen que tuvo seis años, y que nos llevó al peor caos. Está muy lejos de poder comparar en términos materiales los logros de su sexenio con los del Porfiriato. Pero esta necesidad de estar ahí, rascando; y ahí va otro libro donde me justifico, «y todos eran unos burros y yo no, yo fui el inteligente». Ese es de los males que tenemos los mexicanos, la clase política no sabe decir «basta», no sabe decir «¡Ya! Fue mi turno...».

BENITO:

No sabe retirarse elegantemente.

ALEJANDRO:

No sabe retirarse.

BENITO:

Eso es cierto. Se quedan hasta las últimas...

ALEJANDRO:

¡Y más!

BENITO:

Bueno. Pensé en Fidel Velázquez, que hasta muerto hablaba, y salía y daba declaraciones.

EUGENIO:

E imponía presidentes.

FRANCISCO:

Es el hecho de desprenderse del poder. Desprenderse del poder debe ser una verdadera tragedia porque siempre crees que tú sabes mucho más que los demás, cómo gobernar.

EUGENIO:

Y después de treinta años, imagínate si no pensaba que...

FRANCISCO:

Él debía decir: «Madero lo que tenía que haber hecho era cerrar la prensa y mandar a la cárcel a los periodistas, y a cualquier diputado y cualquier senador que estuviera en su contra...».

ALEJANDRO:

Yo creo que Porfirio Díaz, al enterarse de las circunstancias del asesinato de Madero, ha de haber sentido lástima, hasta cierta misericordia, conmiseración, algo. Porque tampoco Porfirio Díaz... Bueno, la frase de Porfirio Díaz era: «En política yo no tengo ni amores ni odios». No terminó diciendo: «¡Ah! Mi enemigo, maldito, ojalá te pudras en el infierno...».

EUGENIO:

Pero sí dejó una pica en Flandes en la figura de Victoriano Huerta; Victoriano Huerta sirvió bajo las órdenes de don Porfirio...

BENITO:

Y es el que lo lleva a tomar el barco...

EUGENIO:

... y era hombre de sus confianzas. Y él sabía que en algún momento Victoriano Huerta, *El Chacal*, iba a metérsele a Madero y lo iba a traicionar y lo iba a asesinar.

ALEJANDRO:

No creo que lo supiera.

EUGENIO:

Pero lo podía intuir, Alejandro, porque lo conocía bien.

ALEJANDRO:

Lo conocía bien, pero yo creo que no esperaba que Madero fuera tan débil.

EUGENIO:

Es que Madero se pasó, se pasó de tueste.

FRANCISCO:

Sería una discusión distinta, no sé si fue o no fue débil, o si fue o no un auténtico demócrata, o fue un ingenuo.

EUGENIO:

Yo creo que fue un ingenuo.

FRANCISCO:

Lo que importa es: ¿cuál era la visión de Porfirio Díaz con

relación a Madero? Yo brindo por el presidente demócrata de México que fue Madero.

FRANCISCO:

A Porfirio Díaz afortunadamente lo largamos los mexicanos en el *Ypiranga* en 1911; lo que queremos ver es qué pasó después. Un poco lo que decíamos al principio es: ¿qué había pasado con Porfirio Díaz en el exilio después de que lo derrocamos? Llega a La Coruña, hay una gran protesta, le gritan dictador, le gritan tirano. Se instala en Francia, en el París de sus sueños, no vive en la opulencia...

ALEJANDRO:

... no, pero bastante bien, vive en París, muy cerca de los Campos Elíseos.

EUGENIO:

Lo cobijan. Lo cobija Gutiérrez Estrada.

ALEJANDRO:

No, porque ya estaba muerto.

EUGENIO:

Es cierto, tienes razón.

ALEJANDRO:

Lo cobija la gente que estaba allá que lo quería.

EUGENIO:

Bueno, Justo Sierra.

ALEJANDRO:

Justo Sierra un tiempo, porque recordemos que Justo Sierra muere en el 12. Eso es increíble también, la fortaleza física de Porfirio Díaz lo llevó a enterrar a toda su generación, menos a Limantour. A Ramón Corral, a Justo Sierra...

EUGENIO:

Corral también lo acompaña, ¿no? Al exilio.

ALEJANDRO:

Se había ido... O sea, cada quien por su lado, no se van juntos.

EUGENIO:

No se van juntos, pero sí se van a acompañarse.

FRANCISCO:

Por ahí cuentan que en 1914 iba Porfirio Díaz caminando por el Puente de Alejandro y vio a una mujer hermosa de unos veinticinco años que decidió suicidarse en el Sena, y entonces se avienta como a tres metros de distancia del dictador; él no puede permitir que una mujer tan joven se suicide. Dice la leyenda que se desnuda, en pleno invierno, y se tira desde el puente para rescatarla. Está bonito, ¿no?

ALEJANDRO:

Yo me la sabía documentada: que llega con el dolor de muelas al que se refería Paco al principio, todavía muy enfermo. Fue una pesadilla la travesía; llegan a París y de ahí se van a Interlaken, en Suiza. Ahí lo curan, y estando en ese balneario salva a un niño que se estaba ahogando. Porfirio Díaz siempre tuvo una presencia física muy fuerte: todavía a los setenta y ocho años escalaba con cuerda una de las laderas del Castillo de Chapultepec.

EUGENIO:

Hacía *rappel* en la Torre Eiffel.

ALEJANDRO:

No es cierto.

BENITO:

Así se hacen los chismes.

ALEJANDRO:

En 1902, él solo, a los setenta y tantos años, subió la Pirámide del Sol, que no tenía...

EUGENIO:

... escalones.

ALEJANDRO:

Era algo notable para un hombre ya grande, de su edad; siempre hizo ejercicio.

EUGENIO:

Un gran jinete.

ALEJANDRO:

Pero la de la doncella me gusta. Te la compro.

BENITO:

Se han dado cuenta de que empezamos hablando del gran dictador, y hemos ido suavizando y suavizando: «Y este viejito es bien chido, porque...». Perdón, me estoy empezando a ofender.

EUGENIO:

Y ya lo queremos.

BENITO:

«Ese viejito montaba a toda madre, y escalaba el Castillo de Chapultepec...». ¡A ver...!

FRANCISCO:

¡Bien, Benito! Pon orden en esta mesa.

BENITO:

¡Pues sí! Un viejito superfresa.

ALEJANDRO:

Cuando seas viejito, vamos a hablar igual de dulce de ti.

BENITO:

¿Sabes qué? ¡Evítalo, carnal! No, no es fresa, es un dictador, un asesino, y ahora quieren que regresen sus restos. Por ningún motivo.

FRANCISCO:

¿Pero quién?

BENITO:

Hay un montón de gente que añora la mano dura.

ALEJANDRO:

Yo creo que perdieron la visión de lo que fue, lo que es una dictadura.

BENITO:

Sí, así es, porque nunca supieron.

ALEJANDRO:

Entonces añoran en términos...

BENITO:

... idílicos: ¡ay, qué tiempos, don Porfirio!

ALEJANDRO:

Exactamente, «qué maravilloso, Francia, los valses, los salones, el teatro y demás...».

EUGENIO:

Es lo mismo que pasa con los franceses, con Luis XIV, con la monarquía absoluta...

BENITO:

¡Hazme el favor!

EUGENIO:

... que los siguen venerando: vas a Versalles y ves monumentos, esculturas, retratos... De un hombre que propició la Revolución Francesa, a final de cuentas.

BENITO:

¡Por favor, por favor!

FRANCISCO:

Hay una fotografía en los libros de texto gratuitos, de cuarto año, que yo invito a los conspiradores en casa a que la vean: es un retrato, a plana completa, de Porfirio Díaz montando a caballo, que está en el Castillo de Chapultepec, un cuadro enorme, y al fondo se ve el Castillo de Chapultepec. Yo creo que esto es una falta de respeto, no creo que los libros de texto se merezcan que un...

EUGENIO:

Bueno, es parte de la historia.

ALEJANDRO:

Claro.

FRANCISCO:

Está bien un recuadrito.

BENITO:

Un cuarto de plana.

FRANCISCO:

Yo no digo que no lo pongan, porque no puedes ignorar la historia; pero, ¿la plana completa? Y ves al tirano con todas sus medallas.

BENITO:

Medallas que se autoimpuso.

FRANCISCO:

Haz de cuenta que fuera una figura a imitar.

ALEJANDRO:

Pero ese es el tirano que derrotó a los franceses, que fue el brazo armado de la intervención.

EUGENIO:

Es el héroe del 2 de abril.

FRANCISCO:

Pero fue el gran tirano que se eterniza en el poder, también.

ALEJANDRO:

Creo que al final Porfirio Díaz es la representación de la bipolaridad en que vivimos los mexicanos permanentemente, de claroscuros.

BENITO:

Yo no olvido la guerra del Yaqui, no olvido Valle Nacional.

EUGENIO:

Pero tampoco puedes olvidar al coronel Díaz en la batalla del 2 de abril.

BENITO:

Estoy de acuerdo. Gracias, coronel Díaz, que peleó con...

ALEJANDRO:
    ... peleó con el ejército liberal.

BENITO:
    No.

ALEJANDRO:
    Sí, él es general a los treinta años, en 1860.

BENITO:
    Perdón. Gracias, general Díaz, que combatió a los franceses con todo...

ALEJANDRO:
    General de división.

BENITO:
    ¡Vete mucho al...! Lo voy a mandar al carajo.

FRANCISCO:
    Ya te tardaste.

BENITO:
    A ver, gracias, Porfis, pero no olvidamos Valle Nacional, no olvidamos la guerra del Yaqui...

FRANCISCO:
    ... ni Cananea.

BENITO:
    ... montón de agravios que hizo, por eso estalló la pinche Revolución con un montón de muertos.

FRANCISCO:
    85% de los mexicanos no sabía leer ni escribir.

ALEJANDRO:

Aun cuando hubiera estado el más demócrata no iban a saber leer ni escribir.

BENITO:

Yo creo que su pecado es hacer *rappel*.

ALEJANDRO:

Para mí los pecados son los que dice Benito: no puedes perdonar, con todo y que sea maravilloso Joaquín Pardavé en *El México de mis recuerdos*, y Fernando Soler, ¡qué linda película! Es que... o las series de época donde se ven los vestidos largos, los bailes; ¡qué bueno, qué maravilloso! Pero Valle Nacional, Cananea, Río Blanco, San Juan de Ulúa, la represión...

FRANCISCO:

... Quintana Roo, Yucatán.

EUGENIO:

«¡Mátenlos en caliente!», las tiendas de raya, los Creel...

ALEJANDRO:

Sí, sí, sí, al final fue una dictadura. No hay otra cosa. No había nada de idílico. Es igual que cuando hablamos del imperio azteca: no había nada de idílico. Antes de que llegaran los españoles no había nada de idílico.

FRANCISCO:

Es el gran traidor del liberalismo mexicano del siglo XIX: eso es lo que es. Porque él es un traidor por definición, porque Juárez seguiría pateando las tablas de su ataúd de ver lo que hizo después de la Guerra de Reforma. Ahora, es una salvajada haberle permitido al clero regresar por la vía de los hechos al extremo que llegamos.

ALEJANDRO:

Ahora, lo más oprobioso, bochornoso y detestable de todo es que el régimen que surge de la Revolución —que en buena medida se levantó contra él— terminó copiando, y no solamente copiando sino mejorando los métodos de control político de lo que era el Porfiriato, nada más que lo volvió institución. Ese es el origen... El PRI es el Porfiriato colectivo.

FRANCISCO:

A ver, ya encarrerado: ¿con qué te quedas, Alex?

ALEJANDRO:

A ver, da una vuelta y ahorita regresas.

EUGENIO:

«Paso sin ver», dice.

BENITO:

Yo me quedo con que no regresen sus restos, que se queden en París, ahí está a toda madre, punto.

FRANCISCO:

Me parece elemental. ¿Tú, Eugenio?

EUGENIO:

Yo me quedo con los aspectos positivos. No me gusta aplicar el radicalismo en esta figura porque tiene sus lados luminosos y sus lados muy oscuros.

BENITO:

Les digo que se están volviendo fresas.

EUGENIO:

Pero a pesar de la fresez...

ALEJANDRO:

¿También tú, Bruto?

EUGENIO:

Me quedo con una página de la historia de México que hay que estudiar a profundidad para entenderla y para entender lo que somos.

ALEJANDRO:

Seguimos siendo parte del Porfiriato, no hemos podido cerrar ese capítulo: el sistema político mexicano del siglo XX copió, casi íntegramente, el modelo porfirista. Y hay que seguir estudiándolo.

FRANCISCO:

Yo escucho en muchas ocasiones que se dice que lo que hace falta en México es mano fuerte, mano dura, como la de Porfirio.

BENITO:

No.

ALEJANDRO:

Jamás, no queremos eso.

EUGENIO:

No. Para nada.

BENITO:

Jamás.

FRANCISCO:

Lo que queremos es que se aplique la ley. Lo que queremos es un Estado de derecho...

ALEJANDRO:

Que gobernantes y gobernados lo respeten y se metan a las reglas del juego.

FRANCISCO:

Y que se aplique la ley y que se cumpla el Estado de derecho.

BENITO:

De acuerdo.

FRANCISCO:

No queremos mano fuerte, mano dura: queremos la ley. Yo sí brindo porque el ataúd donde está ahorita Porfirio Díaz lo volteen de cabeza para que, si se quiere salir, se vaya más para abajo.

BENITO:

¡Nunca más un dictador!

ALEJANDRO:

¡Nunca más un dictador!

FRANCISCO:

¡Nunca más un dictador!

EUGENIO:

¡Nunca más un dictador!

ÍNDICE